ROMANS

historiques

DU

LANGUEDOC

PAR

Frédéric Soulié.

I

PARIS,
Ambroise Dupont, éditeur,
7, RUE VIVIENNE.

1836.

ROMANS

HISTORIQUES

DU LANGUEDOC.

I

IMPRIMERIE D'ADOLPHE ÉVERAT ET Cᵉ,
16, rue du Cadran.

ROMANS
historiques
DU
LANGUEDOC
PAR
Frédéric Soulié.

PARIS.
AMBROISE DUPONT, ÉDITEUR,
7, RUE VIVIENNE.

1836.

INTRODUCTION.

En littérature, comme en législation, il est une question qui demeurera éternellement insoluble ; c'est celle de savoir : si les mœurs font les lois, ou si les lois font les mœurs ; si les idées d'un siècle font ses écrivains, ou si ce sont les écrivains qui font les idées de leur siècle; en un mot, si Voltaire fut l'expression de lui-même, ou celle de son époque? s'il résuma les idées du dix-huitième siècle, ou s'il les lui imposa; enfin, s'il fut une cause ou un résultat.

En resserrant la question entre Voltaire et le dix-huitième siècle, nous n'avons voulu que la rendre plus saisissable; car aucune autre époque philosophique ou littéraire n'eut un maître plus absolu, ou un représentant plus complet. Avant eux, la question principale était divisée en beaucoup de questions secondaires, et aujourd'hui elle est beaucoup plus complexe que jamais elle ne l'a été. Qu'on nous permette de la considérer dans ses rapports avec l'ouvrage que nous avons entrepris.

Un homme a paru en Angleterre, qui, s'écartant de la route suivie par les romanciers qui l'avaient précédé, crut devoir joindre l'intérêt des événements historiques à l'intérêt des scènes qu'il avait inventées; et qui osa mêler aux personnages qu'il créait des personnages qui avaient existé. Cet homme fut Walter Scott.

Dans sa patrie, comme dans la nôtre, il trouva beaucoup d'imitateurs. Le rang que ces imitateurs doivent tenir dans la littérature dépend plus qu'on ne pense de la solution de la question que nous avons posée plus haut.

Si Walter Scott ne fut que l'inventeur d'une mode littéraire qui sera bientôt passée, ceux qui essaient de faire comme il a fait ne sont que de mauvais copistes sans but : si au contraire, Walter Scott ne fit que répondre à un besoin général d'instruction amusante, ceux qui l'imitent continuent avec moins de talent sans doute la tâche qu'il n'a pas achevée.

Certes, nous n'espérons pas rencontrer beaucoup de critiques qui admettent cette mission du roman historique : il ne leur manquera pas de bonnes raisons pour la nier et de doctes plaisanteries pour la tourner en ridicule ; qu'on nous permette donc de plaider sa cause.

Si on nous accuse de partialité parce que nous y sommes intéressés, nous répondrons franchement que c'est véritablement notre cause particulière que nous défendons dans la cause générale. Lorsqu'un homme entreprend un ouvrage dont l'étude exige au moins beaucoup de persévérance, il doit lui être permis de dire qu'il a la conviction que ce qu'il tente sera utile, il doit pouvoir essayer de faire passer cette conviction dans l'esprit du public.

Nous ne prétendons pas assurément mettre le roman au niveau de l'histoire, et peut-être est-ce parce que nous la considérons comme l'œuvre la plus haute et la plus sainte que l'esprit humain puisse tenter, que nous avons craint d'accepter la mission si difficile d'historien. Toutefois c'est encore plus l'histoire comme elle devrait être faite que l'histoire comme elle a été écrite qui nous a épouvantés.

On peut séparer en deux classes les historiens qui ont précédé notre siècle. Les uns, comme Mézerai et Mabli, historiens de la royauté, ont concentré dans le récit de ses actes l'histoire de tout le pays; les autres, comme Bossuet et Voltaire, ont fait de l'histoire un auxiliaire de leurs opinions, et l'ont trouvée également souple pour et contre la religion du Christ.

Mais ni les uns ni les autres de ces historiens ne se sont assez souvenus que l'histoire d'une nation n'est pas celle d'un homme et ne doit pas être davantage un plaidoyer. A ce titre, l'histoire de France reste encore à faire.

INTRODUCTION.

Le peuple français, venu d'origines si diverses, régi par des lois si différentes, n'a pas toujours été le peuple homogène qui existe aujourd'hui.

La France, divisée longtemps en provinces indépendantes, dont les mœurs, les droits, les institutions n'avaient souvent rien de semblable; la France n'a pas été toujours le royaume compacte, créé par Louis XIV.

Il fut un temps où chaque province, comme chaque classe du peuple, eut un principe de vie et d'action qui lui était propre. Longtemps la Bretagne a voulu pour son compte ce que ne voulait pas la Provence; la Normandie a refusé ce qu'eût accepté le Languedoc; d'une autre part, la noblesse, le clergé, le peuple, agissaient chacun en vertu de ses intérêts et de ses droits. Ce pouvoir nouveau, qu'on appelle centralisation, n'envoyait pas du centre aux extrémités une vie régulière, normale, et qui appelait toutes les parties et toutes les classes de la nation aux mêmes avantages, ou les courbait sous la même loi.

Il nous semble donc que l'histoire de France, présentée sous cet aspect, n'a pas encore été tentée; c'est peut-être demander beaucoup que de prétendre voir marcher ensemble tant d'événements contemporains entre eux mais souvent étrangers les uns aux autres, et qui cependant appartiennent à l'histoire de la France. C'est peut-être vouloir plus que l'esprit ne peut embrasser, plus peut-être qu'il ne pourrait comprendre, que d'exiger un tableau complet de toutes les législations et de tous les intérêts qui ont déterminé ces événements; mais cette tâche, si elle était accomplie, produirait une œuvre si grande que nous ne désespérons pas de la voir bientôt entreprise.

Nous ne sommes pas de ceux qui doutons de la puissance littéraire de notre époque, et l'on ne prendra pas probablement pour un faux-semblant de modestie de notre part, de dire que nous n'avons douté que de nous-même. Car en reconnaissant la supériorité de l'histoire telle que nous venons de la présenter, elle manquerait encore à nos yeux de l'un des attraits les plus puissants : en effet elle ne pourrait descendre, ni jusqu'aux événements secondaires, ni dans les détails de la vie publique de la cité, ni dans ceux de la vie intime de la famille. Rien ne pourrait y être représenté des mœurs, des préjugés et des coutumes de nos pères; elle ne pourrait s'astreindre à suivre et à expliquer les diverses modifications que ces préjugés et ces mœurs ont subies, soit par l'influence lente des temps, soit par la puissance soudaine des révolutions. L'histoire n'en demeurerait pas moins à une hauteur qui la rendrait encore inaccessible à la grande masse du public.

Il est un besoin que l'on ne peut nier, c'est celui qu'éprouve la France de se connaître plus particulièrement qu'elle n'a fait jusqu'à présent.

L'immense révolution de 89 avait creusé entre la France ancienne et la France nouvelle un abîme que peu d'esprits étaient tentés de franchir. Tout le passé de la vieille France répudié par la révolution nous apparaissait comme un temps uniforme de despotisme d'une part, et d'esclavage de l'autre; il y a encore quelques années qu'on eût dit que le peuple ne datait en France que des états-généraux de 89.

Mais depuis que des recherches historiques ont appris au peuple qu'il a eu des libertés qui feraient honte à celles dont nous paraissons si fiers, depuis qu'il sait que chez nous c'est la liberté qui est ancienne et l'esclavage qui est nouveau, il veut connaître les ancêtres qu'il dédaignait; il est jaloux de voir établir son arbre généalogique, et demande aussi ses historiens.

Ce besoin, nous l'avons dit, est général ; mais autant il s'adresse aux faits historiques, autant il demande à pénétrer dans la vie et les mœurs de la famille que le peuple vient pour ainsi dire de retrouver.

On pourra nous faire observer que des ouvrages spéciaux ont été entrepris dans ce but. Que des hommes d'un immense savoir ont épuisé de longues années d'étude pour exhumer cette vie de nos pères que le volcan révolutionnaire semblait avoir engloutie sous l'anathème jeté par lui sur tout le passé, comme le Vésuve avait fait diparaître des villages entiers sous la cendre qu'il leur avait lancée. Mais de même que les antiquaires qui creusent les cendres d'Herculanum pour en extraire de précieux débris, les rangent aussitôt sur des tablettes; de même les antiquaires qui creusent nos chroniques pour en extraire aussi les débris de l'ancienne vie du peuple français rangent symétriquement leurs découvertes dans des pages étiquetées et qui sont de véritables planches de muséum.

Le plus souvent même les ouvrages composés dans ce but n'embrassent qu'une catégorie d'observations; les uns ont pris les lois, d'autres le costume, ceux-ci les monuments, ceux-là les armes; on a fait des histoires complètes de la coiffure, des histoires complètes de la danse.

Loin de nous la pensée de déprécier en aucune manière ces précieuses recherches; ce n'est pas lorsque nous aurons tant occasion de recourir aux travaux des savants qui nous ont précédés que nous essaierons de méconnaître leur mérite. Mais, supposez que dans ce muséum dont nous parlions tout à l'heure, dans cette vaste collection de vêtements, d'armes et de monuments, il plaise à quelqu'un d'introduire des hommes vivants, de les couvrir de ces vêtements et de ces armes, de les faire mouvoir et accomplir toutes les actions de la vie avec ces costumes dans ces monuments, au milieu de toutes les choses qui étaient à l'usage d'autrefois, ne vous semble-t-il pas que vous comprendrez mieux ce qu'étaient les hommes ainsi vêtus, et à quoi servaient les choses de leur époque. Voilà le but auquel doit arriver le roman historique.

Peut-être le mérite sera-t-il moins grand de mettre en œuvre toutes ces recherches que de les avoir faites ; mais il n'est point douteux que le résultat sera tout à l'avantage du romancier sur l'antiquaire, vis-à-vis du public.

Celui-ci préférera toujours ce spectacle animé et vivant, à la froide monotonie d'une dissertation ou d'une nomenclature. Il est possible que le monde n'estime pas beaucoup la science de celui qu'il lit parce qu'il y trouve de l'amusement, et que la première réputation de la science, c'est d'être ennuyeuse; mais il n'en apprendra pas moins avec le romancier ce qu'il n'eût pas appris avec l'antiquaire : d'un autre côté, si le roman ne s'isole pas complétement de l'histoire; s'il est assez habile pour mêler les intérêts privés et les intérêts publics, le lecteur trouvera encore dans le romancier ce qu'il n'eût pas essayé de chercher dans l'historien.

Ici sans doute se présentera l'objection accoutumée contre ce qu'on appelle les genres bâtards : on fera le procès de l'histoire par le roman, et le procès du roman par l'histoire. Ou le livre que vous publierez, dira la critique, sera fondé sur des événements vrais, et alors tout ce que votre imagination y ajoutera ne fera qu'altérer la vérité de ces événements ; ou vous partirez d'une action imaginée, et tout ce que vous y mêlerez d'histoire entravera sa marche.

Quoique Scott ait répondu à la difficulté par des exemples, il n'est peut-être pas inutile de la réfuter par de bonnes raisons.

Tout héros a deux existences, l'existence publique et l'existence privée. Quand les histoires se sont emparées de l'existence publique, les mémoires exploitent l'existence privée; et ce ne sont pas les plus intimes qui ont le moins de succès. La vie d'une nation vaut bien celle du plus grand héros, et comme la sienne, elle nous semble mériter d'être révélée sous tous ses aspects, d'avoir son histoire et ses mémoires.

Mais les mémoires d'une nation sont, absolument parlant, une chose impossible; car ils devraient embrasser toutes les actions de tous les individus qui ont composé cette nation. Il faut donc se résoudre à ignorer cet aspect de la vie d'un peuple, ou il faut permettre de le représenter par des personnages qui concentrent en eux les intérêts, les passions, les mœurs, les préjugés d'une époque, qui deviennent les types de toutes les classes sociales et l'image conventionnelle de leurs physionomies.

Il faut admettre le roman historique.

Si on nous opposait la vérité mathématique des portraits, si on nous disait qu'aucune de nos créations ne représentera abolument un individu des temps que nous avons voulu peindre; nous répondrions que par cela même qu'elle ne ressemblera à personne elle ressemblera davantage à tout le monde : nous montrerions que c'est précisément en cela que l'art littéraire a sur tous les autres une prodigieuse supériorité, celle de représenter les temps, les passions et les mœurs par des généralités. Nous demanderions pourquoi on nous refuserait d'appliquer à l'histoire d'une nation et d'une époque, ce que tant de génies ont appliqué à l'histoire bien autrement vaste de l'humanité. Certes, Harpagon, Trissotin, Alceste, Tartufe ne sont pas la copie textuelle de certains individus ; et cependant ils sont la plus sublime représentation de l'avare, du pédant, de l'honnête homme et de l'hypocrite. Ce qui est possible pour la généralité humaine, dans tous ses âges, ne l'est-il donc plus pour la généralité historique dans un temps donné? Ne peut-on créer le bourgeois de 1400 comme on a créé l'avare de tous les siècles? ne peut-on mettre en scène le noble féodal de 1300 comme on y a mis l'hypocrite éternel. Nous osons penser le contraire; et nous répondrions pour l'art sinon pour nous-mêmes par cet axiome: qui peut le plus peut le moins.

Nous ne voulons pas prévoir l'objection personnelle qui consisterait à nous répondre:

Sans doute Molière a fait ce que vous dites pour la généralité humaine; mais il l'a fait parce qu'il était Molière.

Il n'est aucun homme à qui l'on ne pût briser sa plume dans les mains avec un pareil argument. Il ne manque pas de noms en France en vertu desquels on imposerait silence aux orateurs, aux auteurs dramatiques, aux historiens et même aux critiques. Laissons donc cette question personnelle en dehors et revenons à la cause du roman historique.

D'après ce que nous avons dit plus haut, on peut conclure que nous considérons le roman historique comme étant les mémoires d'une nation. C'est sous ce point de vue que nous l'offrons au public. Quant à ce qui peut s'y mêler de faits historiques, on ne nous contestera pas le droit de nous en servir, et parce qu'ils ne marcheront pas toujours en état de représentation comme dans l'histoire, ils n'en seront ni moins vrais, ni moins intéressants.

Passons donc à la partie inventée et tâchons de prouver qu'elle n'est pas toujours si déraisonnable qu'on veut bien le dire.

Il y a depuis quelque temps, parmi les critiques réputés savants, une sorte de croisade contre le genre dont nous plaidons la cause. Ces critiques faisant le plus souvent abstraction des personnes et des ouvrages, ont attaqué avec une amertume que l'on pourrait prendre pour de l'impuissance, les facultés qui semblent nécessaires à l'auteur qui veut faire du roman historique. De toutes ces facultés celle qui excite le plus les dédains de ces messieurs, c'est l'imagination.

Lorsqu'un homme d'esprit appela l'imagination la folle du logis, il ne pensait pas probablement que cette définition mettrait au rang des productions futiles toutes les œuvres qu'on supposerait entachées d'imagination.

En cette circonstance comme en beaucoup d'autres, une mauvaise définition a fait beaucoup de mal. L'imagination n'est pas plus la folle du logis que la science n'en est l'idiote. Ce qui est fou est fou et ce qui est pédant est pédant, voilà tout.

L'imagination est une faculté d'invention, et nous entendons invention dans son sens primitif, dans le sens où il veut dire presque découverte. L'invention n'est pas, en effet, une création spontanée, complette et qui jaillisse du cerveau sans tenir à rien, sans autre raison d'être que la volonté du créateur; l'invention est presque toujours une conséquence d'idées apprises et de faits constants. En architecture, on reconstruit un temple parce qu'on en connaît trois colonnes; en zoologie, on refait un animal dont on n'a retrouvé que les fémurs; en littérature, on rétablit certains faits parce qu'on sait ceux qui s'y rattachent (1).

(1) Voici une définition de l'imagination qui nous semble expliquer notre pensée, et qui rendra sans doute tout ce qui va suivre plus concluant:

1° Par l'imagination on aperçoit les êtres matériels, lorsqu'étant dans l'âme on se les rend présents, en s'en formant une espèce d'image dans le cerveau, comme on s'imagine des villes, des campagnes, etc., qui ont déjà fait impression sur les sens;

2° Non-seulement l'âme imagine, c'est-à-dire se trace des images, des choses sensibles, mais encore les arrange; elle les compare, les compose et les décompose, les combine de mille manières différentes, pour en connaître les divers rapports, en fait sortir des idées nouvelles ou plutôt inaperçues; et c'est ainsi qu'elle invente et paraît créer.

Comme il ne nous est pas permis, à nous qui ne nous sommes donné ni patente de savant, ni licence de critique, de laisser nos idées dans le vague de ce qu'on appelle la technologie artistique, nous allons essayer de faire comprendre par un exemple ce que nous entendons par l'invention raisonnable ou plutôt raisonnée; nous réduirons d'abord ces exemples à une chose matérielle, à un détail minime pour en rendre l'application plus intelligible aux faits d'un ordre plus élevé.

Je suppose un romancier écrivant ceci :

Ambigat, roi des Celtes, entra dans la demeure d'Atax, qui était éclairée par une chandelle.

Certes, à ce mot de chandelle rapproché du mot celte, à ce luminaire, de nos jours placé dans une époque si reculée, je parie que mille lecteurs vont rire et tous les critiques siffler.

Je suppose encore que l'auteur puisse entendre les rires et les sifflets et qu'il réponde modestement :

Voici ce qui m'a fait éclairer la demeure de mon Atax par une chandelle; ma scène se passe en Berry, à une époque où l'olivier n'était pas encore introduit dans la Celtique, où la culture des plantes oléagineuses n'était ni connue ni exploitée. Dans une condition atmosphérique où les arbres à résine ne venaient point, et cependant les habitants devaient s'éclairer durant la nuit.

Ces gens possédaient du chanvre et du lin qu'ils filaient admirablement ; ils avaient la graisse des animaux dont ils se nourrissaient ; ils ont dû avoir l'idée d'enduire les fils de chanvre de cette graisse pour en faire une espèce de chandelle ou plutôt une véritable chandelle ; je mettrai donc chandelle.

Nous sommes assurés que la moitié de ceux qui liraient ceci trouveraient l'argument aussi pitoyable qu'ils ont trouvé le fait ridicule ; et cependant l'argument et le fait auraient raison. Imaginer que les Celtes s'éclairaient avec des chandelles ne serait point une folie ; mais plutôt une vérité, et lorsque les critiques se seraient suffisamment égayés au sujet de la chandelle celtique, le romancier serait capable de leur apporter la preuve scientifique qu'il a deviné juste.

Si l'envie de jouer sur les mots faisait nier que ceci tient au domaine de l'imagination, on pourrait demander au critique si une description pittoresque variée et précise d'un pays qu'on n'a pas vu, ou qui n'existe plus, ne demande pas quelque imagination. Il faudra bien que le critique réponde : oui.

Si donc il faut de l'imagination pour recréer l'aspect perdu d'une contrée, nous demanderons encore si parce que cette description aura toutes les probabilités d'être exacte, il n'y aura plus d'imagination, et enfin si ce mot n'est plus dans la langue actuelle que le synonyme de mensonge.

Au besoin toutes les définitions grammaticales et métaphysiques nous donneraient raison, contre cette sotte et vulgaire acception du mot imagination.

Quant aux probabilités d'exactitude des inventions d'un romancier, elles se rattachent à la science plus qu'on ne croit en tout ce qui concerne les faits matériels; ainsi l'aspect du pays dont nous avons parlé ne fût-il pas éclairé par d'antiques et irrécusables témoignages, il peut être deviné et imaginé par l'existence d'un fait seul : arrivons à l'exemple.

Nous savons que le castor habitait autrefois les Gaules. Eh bien, l'histoire du castor renferme à elle toute seule la peinture du pays qu'il habitait, les conditions d'existence de cet amphibie qui disparaît devant toute civilisation agronomique, l'état des lieux qu'il recherche encore, sa retraite dans les froides et humides forêts du Canada, nous disent suffisamment ce qu'était la Gaule aux époques où il y était abondant. L'imagination ne sera ici que le miroir de la vérité, et malgré la mauvaise technologie de nos modernes critiques, elle n'a jamais été et ne peut pas être autre chose.

Ce n'est pas sans dessein que nous avons longuement appuyé sur le procédé par lequel l'imagination rétablit les faits matériels ou plutôt les objets physiques. En cherchant à démontrer que ce procédé est tout-à-fait rationnel, nous avons plaidé toute notre cause, car nous ne voyons pas pourquoi il cesserait d'être logique lorsque nous l'appliquerons aux événements et aux faits moraux.

Ici le travail de l'imagination sort des routes matérielles de l'archéologie et de la géologie pour s'élever dans la voie des créations plus nobles du monde immatériel. Peut-être la marche y serait-elle plus difficile ; mais elle n'en sera pas moins conséquente. Un personnage doué d'un certain caractère, de préjugés donnés, de passions connues, est un résultat aussi rigoureux des besoins de l'époque que la forêt froide et humide est un résultat de l'existence du castor. Si le personnage accepté comme vraisemblable agit logiquement dans le sens des passions et des intérêts qui l'animent, il sera historiquement vrai en ce sens qu'il représentera une portion de la société passée qui a dû vivre comme il vivait, penser comme il pensait, agir comme il agissait; et, pour en revenir à notre point de départ, il sera vrai dans l'histoire comme Tartufe est vrai dans l'humanité.

Nous demandons pardon à nos lecteurs de cette discussion un tant soit peu métaphysique et probablement fort ennuyeuse; nous le prierons de considérer que dans une littérature comme la nôtre, où la critique admet dans ses arguments le mépris pour les romanciers comme un droit incontestable, il n'était pas inutile de montrer que nous savons ce que nous faisons et pourquoi nous le faisons.

Il nous reste encore à dire pourquoi

nous avons resserré notre roman dans l'histoire d'une seule province, et pourquoi nous avons choisi cette province.

Nous avons resserré notre roman dans l'histoire d'une province, parce que nous n'avons pas osé tenter davantage; parce que le fil qui s'attache au premier récit de ce livre nous a paru trop facile à brouiller ou trop en danger de se rompre si nous le conduisions dans toutes les parties de notre France et de ses diverses histoires. Vouloir les peindre toutes à la fois nous eût nécessairement forcé à ne peindre que des lambeaux de chacune d'elles. Nous avons préféré un tableau complet, bien que circonscrit.

Quant à ce qui nous a fait choisir le Languedoc, nous pourrions répondre que nous avons choisi cette province parce que c'est notre province. Ce serait, nous le supposons du moins, une raison suffisante de notre choix, pour tous ceux qui croient encore à quelque amour du pays natal ; entre deux histoires également intéressantes pour le public quand l'auteur préfère celle dont il doit parler avec le cœur, il établit en sa faveur, sinon en faveur de son pays, un préjugé favorable que les sarcasmes du scepticisme actuel n'ont pas encore tout-à-fait détruit.

Mais si ce choix instinctif n'est pas seulement un affaire d'affection personnelle, s'il est justifié par l'histoire la plus dramatique de toutes nos histoires provinciales, et la plus indépendante de notre histoire générale, l'auteur aura

INTRODUCTION. xxxv

deux fois raison, et c'est ce qu'il serait facile de démontrer si nous avions le talent nécessaire. Nous allons y mettre de la bonne volonté.

Le premier événement qui se présente dans l'histoire du Languedoc c'est la sortie de ses peuples pour aller à la conquête de contrées étrangères. Cette conquête tentée sous la conduite de Sigovèse et Bellovèse, embrassa la Germanie, la Pannonie, l'Illyrie, la Grèce, la Thrace, et arriva à l'établissement du royaume de la Galatie, qui comprenait la plus grande partie de l'Asie-Mineure.

Cette conquête de nos ancêtres expliquera pourquoi nous avons suivi Tacite dans ce qu'il dit des mœurs des

Germains, Diodore de Sicile, Strabon, Pline, Justin, Plutarque, Pausanias, dans ce qu'ils racontent des Gaulois. Il a fallu trier pour ainsi dire l'histoire des Celtes barbares dans l'histoire des peuples civilisés qu'ils avaient combattus, il a fallu chercher les mœurs nationales dans les contrées étrangères où elles avaient été portées. C'est l'arbre exotique étudié par le naturaliste dans la serre chaude où il est élevé. Que les mœurs des Gaulois se soient altérées dans leur transplantation comme l'arbre s'altère sous un climat qui n'est pas le sien; que les Gallo-Grecs et les Germains ne fussent pas précisément les Gaulois de la Gaule, comme le palmier du Jardin des Plantes n'est pas exactement le palmier de la Palestine, nous ne le nions pas. Mais on sait ce qu'on peut, et on prend l'arbre comme il est venu. Avec cette différence qu'on peut aller dans l'Asie, et qu'on ne retourne pas dans le passé.

Après plusieurs siècles, la conquête gauloise se rencontra avec la conquête romaine et elle fut vaincue dans la lutte. La ruche qui essaimait ces populations guerrières sur le monde fut enclose dans le patrimoine romain et n'exista plus bientôt que pour le compte de son ancienne ennemie.

La Provence, que son commerce avec les Phocéens de Marseille avait déjà accoutumée à de nouveaux besoins, accepta la domination romaine; et la contrée des Tectosages conquise, mais non vaincue, devint bientôt la riche Narbonnaise, qui renfermait Nîmes, la cité de retraite des voluptueux affranchis de l'empire et des illustres débauchés du patriciat; Narbonne, cette ville de comices et de gouvernement, et Toulouse, qui fut appelée la Rome de la Garonne.

Ses habitants furent les premiers qui furent véritablement Romains, et les seuls qui le devinrent complétement. Ils donnèrent à la république des orateurs, des consuls et des empereurs; ils eurent leurs théâtres, leurs poètes, leurs bains, leurs cirques, leur sénat, leurs curies, leurs comices, Rome vécut en province.

Lorsque le christianisme envahit la Gaule, c'est par la Narbonnaise qu'il y pénétra; et alors elle donna au christianisme ses papes, comme elle avait donné des empereurs à l'empire, et elle eut ses martyrs, comme elle avait eu ses généraux; ses saints illustres comme ses célèbres orateurs, et plus que toute autre, ses monastères après avoir eu ses amphithéâtres. Saint Saturnin, Benoit d'Aniane, saint Antonin de Pamiers témoignent de la part glorieuse que prit la Provence à l'émancipation de l'humanité.

Les révolutions qui frappèrent le monde à cette époque atteignirent la Narbonnaise plus immédiatement et d'une façon plus tranchée que toute autre partie de l'Italie ou de la Gaule. Quand vinrent les invasions des visigoths, c'est dans la Narbonnaise qu'ils établirent leur séjour, et Toulouse devint la capitale d'un royaume.

L'existence de cette nouvelle puissance fut assez longue pour laisser des traces profondes dans les lois et dans les mœurs; et bien qu'attaquée par les Francs, elle résista près de deux cents ans. Charibert, en devenant roi de Toulouse, ne la repoussa pas complétement en Espagne; elle ne disparut tout-à-fait que sous l'invasion des Sarrazins qui occupèrent plus longtemps cette province qu'aucune autre.

Dans cet orage de l'humanité où les peuples poussés les uns contre les autres s'agitaient et se mêlaient comme les flots de l'Océan, les merveilleux événements ne manquent pas plus à notre province qu'à celles dont l'histoire a plus particulièrement exercé la plume des écrivains. Il y a même ceci de remarquable dans notre contrée, que presque toujours plus longuement occupé par ses conquérants que les autres parties de la Gaule, le Languedoc permit aux mœurs et aux lois des étrangers de s'y établir et de s'y développer. Aujourd'hui que le progrès des arts mécaniques nous fait imaginer à notre insu que toute cette époque devrait être aussi pauvre en idées politiques et morales qu'elle le fut en science économique, il n'est peut-être pas sans quelque utilité de montrer que ces temps qu'on appelle barbares, sans se donner la peine d'y regarder, n'étaient pas si complétement dénués de tout savoir et de toute prévoyance. Les vanités du dix-neuvième siècle seront fort étonnées des idées qui avaient cours parmi les peuples, et de la législation qui les régissait.

Nous ne pouvons comprendre de quel droit les sociétés modernes, avec leurs colonies et leurs lois coloniales, de quel droit la société romaine avec ses esclaves et ses gladiateurs appelèrent barbares ces peuples parce qu'ils taxaient le meurtre d'un homme selon la qualité de la victime et de l'assassin. Le *morituri te salutant* nous semble à nous le dernier degré d'abaissement où ait pu descendre l'humanité victorieuse et l'humanité vaincue. Et ce n'est pas le sang des hommes versé dans un cirque qui nous épouvante comme fait matériel; c'est la dégradation morale de celui qui mourait et de celui qui regardait mourir. Est-ce donc parce que cela se passait dans des amphithéâtres de marbre? Mais à l'époque dont nous parlons, les grandes constructions si étrangement nommées gothiques furent créées, à cette époque des routes étaient tracées de tous côtés, et si les budgets de l'exécrable Brunehaut fussent arrivés jusqu'à nous, il n'est pas douteux qu'ils ne fissent envie à nos ministres des travaux publics, tant cette femme couvrit la France de magnifiques monuments, de solides chaussées et d'utiles institutions libérales.

Peut-être en suivant pas à pas cette conquête incessante qui passait sur la Gaule, ne trouverait-on pas sans quelque habileté la manière dont ces prétendus barbares cherchaient à établir leur pouvoir; peut-être découvrirait-on qu'il y avait en eux un sentiment de la dignité humaine plus élevé que celui de nos temps modernes. Ils voulaient, et obtenaient, violemment à la vérité, le pouvoir matériel, mais ils ignoraient ce qui est l'ambition des gouvernements actuels, la tyrannie morale. Il ne leur paraissait pas nécessaire de plier toutes les intelligences à leurs idées, toutes les pratiques de la vie à leurs lois, toutes les consciences à leur religion. Ils laissaient chaque vaincu à ses juges naturels et ne se croyaient pas le droit de prononcer seuls dans les causes particulières où ils étaient en procès avec ceux dont ils occupaient le pays. Les tribunaux mixtes, cette institution que nos publicistes regardent comme un progrès de la civilisation, existaient chez ces nations si peu avancées d'ailleurs. Enfin il ne serait pas impossible de démontrer que ce ne furent pas les barbares illettrés qui plongèrent le plus notre pays dans la confusion et les ruines.

Après la destruction des Sarrazins par Charles-Martel, qui fut singulièrement aidé dans cette œuvre de libération par Eudes, duc d'Aquitaine, le Languedoc fut réuni à la France, et quelque temps après il redevint, sous Charlemagne, un royaume séparé dont Toulouse fut encore la capitale.

Ce royaume disparut sous le règne de Charles-le-Chauve, et alors s'avança l'usurpation des droits régaliens par les ducs et les comtes qui gouvernaient jadis les provinces au nom des souverains, et la féodalité prit naissance.

Ici commence véritablement la dégénérescence de l'espèce humaine, ici l'ignorance honteuse, la classification de l'homme comme objet matériel, la déprédation constante, l'apothéose du pouvoir, tous les vices et tous les crimes; et si dans une règle grammaticale on pouvait découvrir une trace de l'abaissement de l'esprit humain, ce fut alors que se formèrent tous ces modernes langages où l'on parle à un homme comme à plusieurs. Aujourd'hui que l'usage nous a rendu cette manière de nous exprimer si naturelle que nous n'en pouvons souffrir d'autre, nous ne réfléchissons guère à la triste servitude qui a amené un être humain à dire vous à un autre être de son espèce.

Dussions-nous rencontrer, parmi les modernes amateurs du gothique et de la noblesse de souche des gens qui nous fassent un crime ou un ridicule de notre mépris et de notre haine pour la féodalité, nous le dirons encore : ce fut à dater de son établissement que disparut toute trace du juste et de l'injuste, du bon et du beau. Royauté, peuple, religion, tout servit de pâture à cette hydre dévorante. Toute nationalité s'effaça dans ce conflit d'intérêts si divers. Les droits mal établis de la suzeraineté et les devoirs toujours contestés du vasselage laissèrent à chacun la liberté de rendre son hommage à celui qui le soutenait le mieux ou lui demandait le moins. C'est la féodalité à qui nous avons dû cette législation morcelée et barbare qui fit de la France un chaos; c'est à la féodalité que nous avons dû ces impôts vexatoires et innombrables qui s'adressaient à tout et partout, et que chaque seigneur inventait d'un jour à l'autre, selon ses caprices ou ses besoins; c'est à la féodalité que nous avons dû cette appropriation de l'homme à la terre qui le fit serf, à la féodalité, ces droits qui n'en sont pas moins odieux parce qu'on les a rendus ridicules; à la féodalité cette justice dont les seigneurs faisaient revenu; c'est à la féodalité que nous devons ces guerres désastreuses qui ont tenu si longtemps les plus fortes places de la France dans les mains des Anglais; c'est à la féodalité qu'a été due l'institution des ordres mendiants, cette exécrable plaie de la doctrine chrétienne; la véritable barbarie ce fut la féodalité.

Entre deux peuples qui se heurtent et dont l'un disparaît sous l'autre, il peut se rencontrer de grands actes de cruauté et de tyrannie; mais une unité populaire agissant sur une autre unité populaire, n'eût jamais pu arriver à cette effroyable multiplicité d'institutions odieuses que nous valut le régime féodal. La volonté d'une nation, si barbare qu'elle soit, eût été incapable de descendre à toutes les usurpations de détail qui tentèrent la rapacité des seigneurs, chacun voulant ce qu'avaient les autres, et inventant pour son propre compte. L'imagination recule devant ce gouvernement, où chacun était pour ainsi dire législateur et exécuteur immédiat de sa loi, où chaque passion personnelle avait en soi la puissance de se satisfaire dans le rayon de sa suzeraineté, et sans intermédiaire, tyrannie, où la science de la localité donnait à chaque seigneur des moyens plus assurés d'exaction.

Aussi ce régime rendit-il à la France ces dépopulations effrayantes dont l'esclavage antique des Romains avait désolé les Gaules. Les routes coupées à chaque pas de barrières et de droits de leude et de péage devinrent désertes et bientôt impraticables; le commerce s'arrêta; les villes constamment sur la brèche n'eurent de soucis que pour quelques libertés municipales qu'elles défendaient avec l'épée ; et les arts n'ayant plus ni centre, ni encouragement, ni emploi, disparurent bientôt. Les rois visigoths avaient des rhéteurs et des écoles à leur solde, et les seigneurs ne surent point lire; enfin. nous le répétons, la féodalité fut véritablement la barbarie dans tous ses sens; elle enfanta toutes les tyrannies et tua tous les droits; elle encouragea toutes les destructions et empêcha toutes les œuvres; elle mit au jour tous les furieux emportements des vainqueurs du jour et éteignit tous les enseignements du passé; devant elle la science et la vertu s'exilèrent à la fois.

Cependant de toutes les provinces de la France, le Languedoc, ou plutôt la Provence comme on l'appelait alors, fut la moins atteinte par ce pouvoir monstrueux et le règne des comtes de

Toulouse ne fut pas sans quelques lueurs de gloire et de justice. Le perpétuel contact des Provençaux avec la Grèce et les peuples d'Orient, avec lesquels ils entretenaient un commerce actif; un vieux reste de civilisation romaine plus fortement enracinée chez elle que partout ailleurs, donnèrent encore longtemps à la Provence un aspect national et lui gardèrent une existence presque régulière.

Cependant le clergé, que la noblesse commençait à dépouiller après avoir pris au peuple tout ce qu'elle pouvait lui prendre, chercha et trouva un moyen de se débarrasser de ces terribles déprédations; le clergé prêcha les croisades, et le tombeau du Christ fut offert à l'enthousiasme guerrier des seigneurs comme la conquête du pardon céleste pour tous leurs crimes. Dire que l'esprit religieux du siècle ne fut pas un des moteurs de ces immenses émigrations, ce serait vouloir méconnaître l'état des idées à cette époque; mais ne pas constater que la plupart des croisés ne furent poussés que par l'espoir du pillage, d'autres par ce besoin de gloire qui était devenu la seule vertu de la noblesse, ce serait ne pas tenir compte des faits et des témoignages de l'histoire.

Toulouse, quoiqu'elle ne fût que la capitale d'un comté, tint rang de royaume dans ces premières croisades ; et Raymond, le noble vieillard du Tasse, en fut le chef, sinon le plus élevé du moins le plus puissant.

La Provence ne cessa, durant de longues années, de fournir des subsides et des soldats à ces entreprises lointaines, que lorsqu'elle fut à son tour forcée de se défendre contre un danger pareil à celui qu'elle avait été porter aux Musulmans.

L'hérésie des Vaudois, qui n'était qu'un ressouvenir modifié de celle des Ariens fit de rapides progrès dans la Provence; et Rome, attachant sa cause à celle du Ciel demanda vengeance pour lui et pour elle. Malheureusement pour la Provence Rome rencontra pour servir ses projets trois hommes dont l'un eut tout le fanatisme d'une foi aveugle, l'autre toute la perfidie de la politique romaine, et le dernier tous les désirs d'une ambition effrénée.

Ces trois hommes furent saint Dominique, Arnault et Simon de Montfort, tous trois doués des qualités nécessaires au succès de ces passions ; Dominique, prêcheur bouillant et religieux austère ; Arnault, froid persécuteur, impitoyable politique ; Simon, infatigable guerrier, et hypocrite serviteur de Rome

Malheureusement encore pour la Provence, elle se trouva entre les mains de Raymond VI, dit le Vieux, nouveau Prusias de la nouvelle Rome ; elle n'eut d'autres alliés que Pierre d'Aragon, ce François Ier du treizième siècle, et la trahison lui fit perdre son jeune et terrible héros, son bel Achille, son invincible vicomte de Beziers.

Alors les poètes, qui commençaient

notre belle langue provençale, n'eurent plus de chansons la science médicale, qui datait déjà à Montpellier, se cacha n'ayant plus rien à faire là où la mort était le seul remède des malheurs de la vie; alors, les monuments furent démolis. Alors régnèrent en Provence ces nouveaux venus, que les Provençaux appelaient encore les barbares de France; alors s'en alla devant eux ce reste de civilisation demeuré sous notre beau ciel; les écoles se fermèrent, les villes disparurent par populations entières, et le massacre ne cessa guère que lorsqu'il ne resta plus un arbre pour faire un gibet et un homme pour l'y pendre.

Cependant Rome, après avoir livré la Provence à la dévastation, après avoir construit des monastères avec les ruines des châteaux, voyant que les vainqueurs lui étaient encore moins fidèles que les vaincus, devinant que Simon serait un plus terrible adversaire que n'avait été Raymond-le-Vieux, suscita un enfant contre ce conquérant redoutable. Rome était habile ou heureuse dans ses choix, et il se trouva que cet enfant eut à seize ans toute l'activité et toute la prudence d'un guerrier déterminé. Raymond VII dit le Jeune, reconquit son comté de Toulouse; mais il ne retrouva ni ses seigneurs provençaux aussi épris des belles-lettres, des arts, du luxe et des occupations de l'esprit qu'ils l'étaient de la guerre et de la gloire; il ne retrouva ni ses écoles, ni ses hôpitaux, ni ses poètes. Les Français avaient pris racine dans leur conquête et avaient dévoré la substance du sol.

Plus tard le Languedoc fut réuni à la couronne par le droit, mais non par le fait. Les guerres des Armagnacs et des comtes de Foix la déchirèrent sans qu'elle s'inquiétât du pouvoir souverain qui cherchait à s'entremettre dans les querelles. Réduit enfin en province, le Languedoc eut son parlement sans appel, qui ne ressortait point de celui de Paris, il eut ses états, qui étaient souverains chez eux. Dans toutes ses transformations il garda ses libertés plus qu'aucune autre de nos provinces. Comme comté, son vasselage à la couronne fut presque toujours une rivalité; comme province, son obéissance fut perpétuellement une lutte. Cette rivalité et cette lutte fournissent des noms illustres dans les armes et dans la magistrature, des faits héroïques et curieux, des caractères sublimes et originaux, des pompes magnifiques et des coutumes bizarres.

L'étude semble être une plante si indigène dans ce sol bien aimé, qu'elle trouva à peine un jour où elle pût germer sans être écrasée sous le pas des soldats, qu'elle refleurit aussitôt; Toulouse, la Rome de la Garonne, Toulouse, la capitale de trois royaumes, la cité des grands comtes, Toulouse ceignit une nouvelle couronne, et devint Toulouse la savante.

Mais cette ardeur d'idées, cet esprit d'indépendance qui l'avait déja livrée à la conquête et à la dévastation de la féodalité, la soumirent plus tard à la rigueur de la royauté, armée pour la religion.

La doctrine de Calvin devint pour le Languedoc une seconde cause de guerre civile, plus cruelle, plus opiniâtre que dans aucun autre pays; les fureurs de la ligue y furent portées aux derniers excès, et enfin la lutte de la féodalité avec la royauté s'y acheva sur l'échafaud du dernier Montmorency, dressé par l'implacable Richelieu, ce Robespierre au profit du trône.

A cette époque disparut presque complétement la nationalité de la province, mais non son histoire particulière, mais non son caractère éternel de poésie et d'indépendance, mais non cette incessante production d'hommes supérieurs.

Si nous avons été inhabiles à dire à

quels titres le Languedoc est devenu pour nous un pays de prédilections historiques, que nos lecteurs nous le pardonnent et que notre pays nous le pardonne aussi. Quand nous écrivions ce résumé si incomplet et si peu animé, des faits célèbres et des noms illustres se dressaient devant nous à chaque ligne et semblaient nous presser de les mettre tout de suite en ordre et en scène. C'était une sorte d'armée de combattants qui criaient à notre oreille : Nous voilà, nous voilà !

A vous tous, mes héros et mes compatriotes, à vous toutes, mes belles villes si braves et si héroïques, à toi surtout ma cité de naissance, Foix l'imprenable et la forte, j'aurais voulu tout de suite donner votre rang et réciter votre histoire ; mais c'est une longue tâche, un travail où j'irai avec amour, dans lequel je persévérerai avec affection, mais où l'on ne peut marcher qu'à pas comptés.

Attendez donc, et soyez-moi en aide.

Ce que j'ai essayé de démontrer l'a-t-il été clairement dans ces pages ? Je l'ignore. Ceux qui m'ont lu sont-ils convaincus que le roman historique n'est pas l'œuvre littéraire la plus misérable de toutes. Je le voudrais. Ce que j'ose entreprendre ne troublera-t-il pas la joie de quelque écrivain qui, tout en exploitant en style de géographie poétique les souvenirs de sa province, se réjouit pour elle de ce qu'elle n'a pas trouvé de Walter Scott bâtard qui l'ait salie de ses romans. Je le saurai plus tard; dans tous les cas je pourrai dire ceci :

Si le livre prouve ce que l'introduction n'a pas montré, on me pardonnera l'introduction, fût-elle détestable. Si au contraire le livre ne répond pas aux idées que j'ai mises en avant, l'introduction, fût-elle un chef-d'œuvre, lui sera tout à fait inutile.

Dans les deux cas il semblait meilleur de ne pas le faire.

Nous ne sommes pas de cet avis, et voici pourquoi.

Toute chose, toute œuvre a besoin d'être considérée dans le public sous le point de vue où l'auteur la considère lui-même. De deux hommes qui sont en face d'une tour, celui qui en est très-éloigné dit qu'elle est ronde, celui qui est au pied soutient qu'elle est carrée. Celui qui est sur la montagne ne voit pas comme celui qui est dans la plaine ni comme celui qui est à mi-côte; ainsi le public qui est dans des idées élevées et soutenues de l'histoire, et celui qui n'aime que les fictions du roman, ne sont pas au point de vue de ce livre. Que les uns veuillent bien gravir un peu de mon chemin et les autres descendre beaucoup de leur haute sphère, et peut-être nous trouverons-nous dans un honnête médium où nous verrons à peu près les choses de la même manière.

Si je ne trouve pas cette complaisance chez les uns et cette indulgence chez les autres, je n'en accuserai pas le roman historique; je n'en accuserai que mes romans historiques.

Et maintenant qu'ils se défendent eux-mêmes contre moi et contre tous.

Je n'ai point chargé mon livre d'un travail de notes, c'est peine perdue pour ceux qui savent; c'est ennui pour ceux qui ne savent pas.

Dira-t-on que les notes prêtent à un livre une autorité qui lui manque sans elles? Je répondrai qu'à cette condition aucun livre de ce genre ne serait possible, à moins de justifier chaque mot par dix lignes de citations. Le voyage d'Anacharsis en est chargé, et les sept huitièmes de ce qu'il dit restent cependant sans pièces probantes. Faut-il douter pour cela de la science de Barthélemi ? assurément non : il faut s'y fier.

LES CELTES.

BÉBRIX.

I.

C'était la saison où les feuilles jaunies et privées de sève tombent des arbres et les laissent nus comme des hommes dépouillés pour le sommeil; car l'hiver c'est le sommeil de la nature, c'est l'heure où tout dort en elle, les parfums et les frondaisons; c'est son temps de repos, c'est sa nuit où elle se recueille pour prendre de nouvelles forces et se relever belle et parée, quand le printemps lui ramènera son matin.

Dans cette saison triste, c'était aussi l'heure la plus triste du jour. Le soleil s'était couché rouge et sanglant parmi la brume des marais, et la lune s'était levée rouge et sanglante à l'autre bout de l'horizon, parmi la brume d'autres marais. C'est que le pays dont nous parlons était alors une immense suite de forêts, partagée çà et là par de grandes étendues de terrains. Quelques-uns étaient grossièrement cultivés à la houe; la plus grande quantité recevant les eaux qui descendaient des hautes collines formaient ces immenses marais dont nous avons parlé. C'était la condition de cette nature inculte : en effet, les bois qui couronnaient les hauteurs de ces collines pompaient incessamment les eaux des épais nuages que leurs branches gigantesques arrêtaient dans leur course, et rendaient à la terre ces eaux que la terre renvoyait incessamment au ciel.

On voyait donc le plus souvent, en ce climat, une vapeur qui enveloppait tous les objets d'un voile humide, tandis que les habitants de ce pays sauvage marchaient à travers des boues éternelles. Leur soleil qui est pourtant le nôtre ne pouvait lutter contre ces amas de fange nourris par l'écoulement continu des eaux des forêts, et ce n'était qu'aux lieux où la culture avait exposé la terre aux rayons de ce soleil pâle, que se trouvaient quelques endroits exempts d'humidité. C'est là que s'élevaient les maisons qu'habitaient ces peuples. Ces maisons étaient de forme ronde avec plusieurs issues, dont les unes pour la défense, les autres pour la retraite, lorsque ces maisons devenaient un lieu de combat. Elles étaient bâties en bois; les intervalles des poutres se trouvaient remplis par un mélange d'argile grossièrement pétrie avec des herbes sèches. Ces maisons étaient couvertes, quelques-unes de chaume, la plupart de jonc. Les issues en étaient fermées par des peaux de bêtes fauves; ces peaux ne servaient qu'à abriter du froid les habitants de ces demeures, car il n'était nul besoin de les garantir contre les voleurs. Les larcins étaient à peu près inconnus dans ce pays; et comme dans tous ceux où la foi publique est la seule gardienne des demeures, ils y étaient puni d'un châtiment terrible.

Au centre de chaque cité s'élevait une maison plus vaste et plus soigneusement construite que les autres. Là, comme partout, la puissance se manifestait à l'œil par la richesse et l'étendue de sa demeure. Ce fut d'une pareille maison que, le soir dont nous parlons, sortit un homme d'une haute stature. Il était vêtu d'une simple tunique; mais bien qu'elle ne fût point peinte de diverses couleurs, quoique cet homme ne portât ni une ceinture ornée de plaques d'or, ni un riche collier, on voyait cependant que c'était un des principaux de la cité. En effet, il n'était point rasé comme l'étaient d'ordinaire les derniers de sa nation; il ne portait pas non plus toute sa barbe comme les guerriers de médiocre rang; il n'avait que la moustache, ce signe d'une grande autorité ou d'un grand courage, et qui distinguait les nobles celtes d'entre leurs compatriotes.

Car cette terre marécageuse sous un ciel

gris était la Celtique ; cette cité était la plus considérable de toute cette terre, et cet homme était le premier de la Celtique, c'était Ambigat, roi des Celtes.

Lorsqu'il eut dépassé les dernières maisons de la cité, il prit un chemin jeté sur la fange du terrain au moyen de troncs d'arbres juxtaposés, dont les intervalles étaient comblés de cailloux. Il s'avança rapidement sur ce chemin au milieu du silence de la nuit, et marcha vers une épaisse forêt qui enveloppait la ville à une assez grande distance.

Bientôt la lune fut assez élevée pour éclairer les pas de cet homme. Le silence de la nuit n'était troublé que par le gémissement du vent à travers les arbres et par le cri aigu de quelques castors qui se précipitaient dans l'eau au bruit des pas humains. Ce pays, que nous appelons aujourd'hui le Berry et qui à cette époque n'avait pas de nom qui nous soit parvenu, ce pays nourrissait alors des castors. Ce précieux animal que les envahissements de l'homme ont chassé de l'Europe, et qu'on ne trouvera même bientôt plus dans les forêts de l'Amérique que l'homme envahit et civilise de jour en jour, ce précieux animal abondait alors dans les marais de notre Gaule.

En voyant quelles sont, dans les épaisses et froides solitudes du Canada, les conditions d'existence de ces savants amphibies, il est facile de juger quel devait être l'état physique de la Gaule à une époque où ils y étaient nombreux.

Cependant, Ambigat avait atteint le bord de la forêt vers laquelle il s'était dirigé. Il s'arrêta avant d'y pénétrer, moins pour se reposer que pour se recueillir. Ce n'était pas son corps, c'était son esprit qui avait besoin de prendre des forces, au moment où il allait entrer dans les sombres détours de ce bois.

Ambigat était pourtant un vieillard; ses cheveux blancs et sa moustache blanche l'attestaient, et ces signes, qui eussent pu faire craindre quelque faiblesse physique, semblaient annoncer que l'expérience avait élevé cet homme au-dessus des terreurs vulgaires de la nuit et de la solitude. Il n'en était pas ainsi. Le corps était resté alerte et vigoureux; mais la crainte superstitieuse qu'inspirait à tout Celte l'approche de la forêt sacrée dominait l'âme d'Ambigat, avec autant de puissance qu'elle eût pu en avoir sur le cœur d'un enfant ou d'une femme.

Cette longue vie, en effet, n'avait servi à Ambigat qu'à le rendre plus longtemps le témoin des prodiges surnaturels qui s'accomplissaient dans cette forêt. Son titre de roi lui avait même fait sentir plus immédiatement le pouvoir des prêtres qui habitaient ces sombres retraites. Peut-être même ses doutes sur la réalité de ce pouvoir surnaturel contribuaient-ils à troubler Ambigat.

Pour celui dont l'âme est pleine d'une foi sincère aux mystères d'une religion si terrible qu'elle soit, les terreurs de cette religion diminuent ; car sa foi est son premier bouclier contre elles. On ne craint pas le courroux des dieux qu'on évite d'irriter. Ambigat, au contraire, avait perdu sa foi et gardé ses terreurs. Dans le long exercice de sa royauté il avait trop souvent appris que l'intérêt humain et personnel était le seul qui dictât la conduite des druides, pour croire à leur mission divine ; mais d'un autre côté, il n'avait jamais su expliquer assez complétement les prodiges qu'ils opéraient, pour ne pas être persuadé que ces prêtres étaient doués d'une puissance surnaturelle. Il allait donc vers ces hommes avec le désir de les tromper et la crainte qu'ils ne lussent ce désir en son cœur.

Outre ce sentiment, il éprouva une terreur plus naturelle à l'aspect des lieux qu'il devait traverser. Des arbres séculaires mais alors dépouillés de leurs feuilles y répandaient une obscurité lugubre. A travers cette obscurité la lune glissait ses rayons qui semblaient peupler la forêt de blancs fantômes, les uns couchés sur la terre, ceux-ci debout le long du tronc des arbres, assis sur leurs branches noires. Des bruits plaintifs et sinistres résonnaient sans cesse de tous côtés ; tantôt ils provenaient de boucliers et d'épées attachés aux branches de la forêt et que le vent heurtait les uns contre les autres ; d'autres fois c'étaient les cordes d'une harpe qui frémissaient ainsi ; d'autres fois encore c'étaient des squelettes desséchés, pendus à de longues et flexibles courroies et dont les os s'entre-choquaient avec un bruit sec et court. Cet aspect, qui arrivait si effrayant à l'imagination par les sens, lui arrivait plus effrayant encore par le souvenir. Car ces boucliers, ces armes, ces épées, ces squelettes qui emplissaient l'air d'étranges bruits, étaient ceux de coupables qui avaient péri sur l'autel du dieu sanglant qu'on adorait dans cette forêt.

Ambigat le savait; il savait aussi que de tous les crimes celui qui était le plus implacablement puni par les prêtres, celui qui avait fourni la plupart des horribles trophées qui l'entouraient, était la résistance aux ordres des druides, le doute élevé sur la légitimité de leur puissance.

Ambigat avait souvent lutté contre cette autorité; il portait en lui un doute coupable qui pouvait ne pas échapper au sens divinatoire que ces prêtres semblaient posséder; le sentiment de terreur qui l'occupait sans le dominer était donc concevable, même lorsqu'on savait qu'Ambigat était le guerrier le plus redoutable de sa nation.

Cependant un intérêt si puissant le guidait qu'il continua rapidement sa marche à travers la forêt. Arrivé à une certaine profondeur dans ces bois, il s'arrêta encore, car il allait pénétrer seul dans une enceinte encore plus redoutable. Le vieillard porta autour de lui des regards soucieux, sa physionomie avait l'expression d'une résolution arrêtée, mais vers laquelle on marche avec effroi. Après quelques instants d'arrêt, il reprit sa marche et entra dans une vaste clairière où s'élevaient de gigantesques monuments. Ils ne consistaient qu'en quelques pierres dont deux étaient verticalement posées sur la terre, soutenant une troisième pierre qui les couronnait horizontalement. Chacun de ces monuments rappelait un souvenir fatal; c'était l'un des autels où avaient été sacrifiées les victimes dont les dépouilles pendaient aux branches des arbres. Le sang qui les couvrait était la seule loi d'égalité qui fût écrite chez ce peuple; le plus noble et le plus abject y étaient confondus, et le dernier versé qui reluisait encore aux parois de la plus vaste pierre avait été fourni par la famille d'Ambigat. Ce sang était celui d'un de ses neveux ; et bien que dans nos mœurs ce degré de parenté soit loin de faire supposer dans un homme une tendresse égale à celle qu'il peut avoir pour ses propres enfants, il n'en était pas de même à cette époque où les fils d'une sœur étaient plus chers à un oncle que ses propres fils (1). Le roi détourna les yeux en passant, mais sans s'arrêter, sans que rien témoignât qu'il eût éprouvé la moindre émotion. Savait-il en effet si un signe de regret manifesté dans ces lieux redoutables ne serait pas immédiatement révélé aux maîtres souverains de ces sanglantes demeures, et si on ne lui en ferait point un crime ? Que de choses il avait crues ignorées et que la science des druides lui avait répétées comme s'ils eussent écouté dans sa conscience ! Ambigat continua donc rapidement sa route ; bientôt il fut obligé de faire un grand détour pour éviter un bourbier fangeux, sur lequel il ne jeta qu'un regard indifférent.

(1) Sororum filiis idem apud avunculum qui apud patrem honor. Quidam sanctiorem arctioremque hunc nexum sanguinis arbitrantur

Ce bourbier était pourtant un lieu et un instrument de supplice; c'est là que les traîtres et les adultères expiraient dans d'horribles tourments, tandis que les autres coupables étaient sacrifiés par le fer, usage pieux qui distinguait le crime de l'infamie; et qui laissant le châtiment de l'un exposé aux yeux de tous, cherchait à enfouir l'autre et à en faire disparaître la trace.

Lorsque Ambigat eut dépassé ces deux terribles endroits, la forêt se resserra de nouveau et devint plus dense. Le roi hésita quelques instants avant de s'engager dans ces nouveaux sentiers. Enfin il se décida à donner le signal qui devait avertir les habitants de ces retraites qu'un profane désirait y pénétrer; un son lent et prolongé tiré d'une espèce de trompe en fer très-mince retentit dans la forêt, et presque aussitôt une voix lui dit :

—Roi Ambigat, que veux-tu?

— M'entretenir avec Atax, le chef redouté des druides.

—Suis-moi, répondit la voix.

Et à l'instant une flamme légère parut devant le roi ; il marcha vers elle et elle marcha devant lui, sans qu'il pût distinguer d'où elle venait ni qui la faisait ainsi s'éloigner. Pendant ce temps un bruit formidable se faisait entendre. C'était comme le retentissement de lourds marteaux sur d'énormes enclumes, puis des mugissements sombres et des cris aigus ; de tous côtés aussi se montraient des lueurs verdâtres, et des yeux sans tête semblaient suivre la marche du roi, du sommet des arbres et du fond des buissons. Enfin Ambigat, après de longs détours, arriva à une enceinte où les arbres avaient été abattus circulairement ; toutefois, ceux qui bordaient cette enceinte suffisaient à la couvrir de leurs bras gigantesques. Les branches noires des chênes formaient la voûte de ce temple sauvage, au milieu duquel s'élevait l'image grossière du dieu sanglant des Celtes ou Gaulois.

Là, comme partout, l'homme avait à son insu représenté le symbole de ses idées morales. Là l'image était barbare, non parce que l'art manquait, mais parce que la moralité était absente.

Il existe une grande erreur parmi nos artistes; c'est de penser que le savoir manuel entre pour beaucoup dans l'art; ils se trompent; le premier élément de l'art, c'est la foi.

Les siècles marqués par un grand développement de l'art, ne sont pas ceux où les instruments d'exécution matérielle ont été le plus perfectionnés, ce sont ceux qui ont été emportés par une foi puissante. De là les types de beauté si différents donnés aux dieux de la Grèce et au Dieu de la chrétienté, types qui fussent restés les mêmes si l'art moderne n'eût été qu'une étude de l'art antique, et s'ils n'eussent été les représentants de deux pensées dissemblables.

Oui, l'art est malgré l'homme l'expression de la pensée qui tient son époque; et de même que de nos jours il ne produit que des œuvres de métier plus ou moins habiles parce que le métier est la grande pensée de notre siècle, de même, dans ces époques incultes de guerres et de luttes farouches, l'art avait fait de la statue de Theutatès un monstre colossal et informe, plutôt parce qu'il répondait ainsi aux idées de ce pays sur la divinité, que parce qu'on n'y connaissait pas le travail du bois et de la pierre.

Est-ce donc la civilisation qui manque aux Chinois? Est-ce la perfection de la mécanique ou des instruments, le loisir ou la considération accordée à la science? N'ont-ils pas toutes les ressources matérielles pour créer un art dont l'expression ne soit pas burlesque? Ce qui leur manque, c'est la pensée fondamentale et simple d'une religion élevée. L'histoire grotesque de leurs dieux, le subtilisme de leur morale religieuse a enfanté leurs immenses magots. D'un autre côté, nous demanderons à quelle civilisation on peut attribuer l'art gothique; on ne dira pas sans doute que ce furent les arts que les barbares avaient apportés des forêts de la Pannonie et des bords du Danube qui ont créé cette magnifique expression de la pensée chrétienne; on ne dira pas non plus que les monuments romains que ces barbares rencontrèrent et brisèrent dans les contrées conquises leur servirent de modèles; personne n'oserait avancer que Notre-Dame est une étude du Panthéon, ou Saint-Sernin de Toulouse une imitation du Temple de Diane. Mais l'art qui s'éteignait à Rome avec l'antique foi au milieu de la civilisation la plus avancée, se créait en France et en Germanie avec une foi nouvelle et parmi les luttes de la barbarie. Disons-le donc encore, la statue de Theutatès telle que les anciens l'ont décrite, était plutôt la représentation de la pensée humaine et morale de cette époque, qu'une absence de savoir mécanique.

En effet, les Gaulois mieux que les Romains même savaient, à cette époque, soumettre le fer aux plus ductiles caprices de leur imagination; ils travaillaient le bois et le pliaient à des représentations pleines de grâce des petits objets de la nature; mais cette science, ils ne l'employaient pas à élever la statue de leur dieu, parce que leur dieu était un dieu de sang, de meurtre, de batailles, à qui il fallait des victimes humaines, dieu qui dévorait les cités et les forêts par l'incendie, les guerriers par l'épée, les femmes et les enfants par son souffle pestilentiel.

Ambigat s'arrêta en présence de cette colossale statue de son dieu, et vit bientôt s'avancer vers lui un grand corps blanc, qui semblait tantôt disparaître et tantôt surgir dans l'ombre, selon que les rayons de la lune, glissant entre les arbres ou interceptés par eux, l'éclairaient ou le laissaient dans l'obscurité. Bientôt cette espèce d'apparition se dessina plus nettement aux regards du roi, et Ambigat reconnut Atax le chef des druides qui s'approcha de lui et qui lui parla en ces termes :

— Quel malheur ou quelle grande nouvelle t'amène ici? ce n'est pas la saison où les sacrifices et les fêtes du grand Theutatès s'accomplissent; ce n'est pas l'heure où les hommes qui ont la conscience tranquille quittent leur couche pour errer dans la nuit.

— Ce n'est précisément ni un malheur ni une nouvelle qui m'amènent répondit Ambigat. Cependant des choses étranges se passent dans la nation, et tu as pu les observer comme moi : et quoiqu'ils ne soient pas accomplis, il y a cependant de grands malheurs sur nos têtes.

— Dis-moi quels sont ces malheurs, et je

consulterai le vol des oiseaux et les entrailles des victimes pour savoir quel parti nous devons prendre pour les prévenir.

— Atax, répliqua le roi, le vol des oiseaux est une sagesse infaillible, et la voix de Dieu parle dans les tressaillements de la chair des victimes. Je les consulterai avec toi quand je t'aurai dit ce que je redoute et que tu auras reconnu que ce ne sont pas des craintes vaines.

— Parle donc, je t'écoute.

— Ici? dit Ambigat, je ne le puis.

— As-tu donc à me révéler des secrets que le divin Theutatès ne puisse entendre?

— Ce n'est pas lui dont je veux fuir la présence, répliqua Ambigat; il sait les craintes que j'ai dans le cœur mieux que si elles avaient passé par mes lèvres, mais il ne faut pas que d'autres oreilles humaines que les tiennes entendent ce que j'ai à te confier.

— Nul n'écoute ici, répondit Atax, quand j'ordonne aux hommes d'être sourds comme les pierres; et tout entend dans cette enceinte quand j'ordonne aux arbres d'être attentifs comme des hommes. Cependant si l'aspect de ces lieux t'inspire une crainte qui arrête tes paroles, viens dans ma demeure, nous y serons seuls.

Le grand druide marcha devant Ambigat, dont la propension à douter cherchait une explication aux paroles d'Atax.

Oui, se disait-il, si j'en crois ses paroles tout est sourd quand il le veut, et pourtant il cherche un lieu fermé pour m'entendre, il cède à la même crainte que moi, mais il l'attribue à moi seul ; Atax est toujours le même, et si je ne lui persuade pas qu'en cette circonstance son intérêt est lié au mien, je ne réussirai pas dans l'exécution du projet que je médite.

Ils arrivèrent bientôt dans la demeure d'Atax, elle était creusée au flanc d'une petite colline dans les blocs d'une pierre tendre et poreuse ; une mêche de chanvre enduite de graisse (1) brûlait et fumait dans un coin de cette demeure toute tapissée de peaux de

(1) C'est l'origine de notre chandelle. Les Latins prirent le nom celtique *cantol* pour en faire *candela* ; et nous en avons refait *chandelle*.

castors et de renards. Le roi et le druide s'assirent l'un en face de l'autre sur de grossiers billots de bois également revêtus de fourrures. Cette demeure et celle d'Ambigat étaient les seules qui possédassent un pareil meuble; tant de luxe n'était permis qu'aux deux plus puissants de la nation des Celtes. Alors eut lieu l'entretien suivant qu'Ambigat entama de cette manière :

— Atax, tu sais par quels soins et par quels combats j'ai réuni sous mon commandement toutes les nations qui composent notre nation ; tu sais comment j'ai fait succéder l'union à la haine, et comment j'ai amené la paix par la guerre.

— Je le sais, dit Atax, car j'ai vu les autels souvent réjouis du sang des prisonniers de guerre, et je les vois depuis bien des saisons réduits au sacrifice de quelque coupable obscur ou de quelque étranger que le hasard égare dans nos forêts.

— Puisque cela est ainsi, c'est que sans doute Theutatès l'a voulu ainsi, répondit Ambigat d'un ton humble et composé ; mais ce qu'il ne veut pas assurément, c'est que les populations nombreuses que cette paix a laissé multiplier et croître, tournent, contre lui, leurs paroles inconsidérées et s'excitent à l'irréligion par l'oisiveté, et contre moi les armes que ce long repos leur a permis de fabriquer sans leur donner occasion d'en faire usage. Tu le sais comme moi, quand nos guerriers ont donné une heure ou deux de la journée à la chasse, ils rentrent dans leur demeure, et là, couchés sur la terre, ils passent le reste du jour à ne rien faire et à se plaindre de ne rien faire. Tel est leur caractère; ils vivent dans la paresse et détestent le repos.

Le druide écouta cette réponse d'Ambigat en observant attentivement sa physionomie. Les paroles du roi lui signalaient en effet un danger que lui-même avait remarqué, mais il ne convenait ni à son orgueil ni à sa prudence de paraître l'avouer tout d'abord.

— Les paroles inconsidérées de quelques hommes sont aussi impuissantes contre Theutatès que l'effort des vents contre les monts éternels qu'il habite.

Ambigat sourit et répliqua doucement :

— Je n'en doute pas, mais si les vents n'ébranlent pas la montagne que le dieu habite ils enlèvent quelquefois les maisons que les hommes bâtissent à son abri.

Le prêtre garda un moment le silence, puis passant, par une rapide ellipse de pensée par-dessus son propre danger pour n'avoir ni à l'avouer ni à le discuter, il reprit presque aussitôt :

— Mais toi, Ambigat, as-tu découvert quelque machination contre ton pouvoir ?

— Il n'y a pas de machination tramée dans le mystère répliqua Ambigat ; mais il y a un mécontentement qui murmure de toutes parts. Ce n'est pas l'épée d'un ennemi caché qui rend notre route dangereuse, c'est un orage qui se forme autour de nous et qui menace de nous envelopper.

— Tu as raison, roi, dit le druide, les offrandes sont moins nombreuses.

— Que veux-tu qu'on offre à un dieu inutile ? reprit Ambigat en baissant la voix : et puisque Theutatès ne mène plus les guerriers à la victoire; les guerriers n'ont plus besoin d'acheter sa protection.

— La négligence est grande en effet, ajouta le druide; mais s'il faut en accuser quelqu'un c'est le roi qui a fait un peuple de laboureurs d'hommes destinés à porter l'épée et à lancer la framée; d'un autre côté aussi les crimes augmentent; le larcin devient plus fréquent.

— Et c'est peut-être la faute des druides qui, au lieu de le punir, ne sauraient jamais découvrir le coupable, quand le coupable attache leurs regards à quelque beau taureau ou à quelque cavale féconde qui s'égare dans la forêt sacrée.

— Roi, oses-tu prononcer une pareille accusation contre moi!

— Contre toi, dit Ambigat, non assurément, mais devant toi, pour que tu surveilles ceux qui sont dans ta dépendance et qui trompent quelquefois ta vigilance, si active qu'elle soit.

Le druide ne fut pas dupe de cette explication; mais à lui, comme à beaucoup d'autres hommes, il suffisait qu'on eût l'air de ne point vouloir l'accuser, pour paraître de son côté accepter l'excuse qu'on lui offrait.

— J'y veillerai, répondit-il, mais sais-tu si de pareilles accusations ont été faites parmi les guerriers.

— On n'a point parlé : mais l'abandon des sacrifices est le plus sûr avertissement. Quant à ce qui me concerne, les langues sont moins discrètes, et les paroles n'ont point besoin d'intermédiaire pour m'arriver. Mes deux neveux Sigovèse et Bellovèse s'indignent tout haut devant moi du repos où je laisse leur jeunesse. Ils ont pour amis et pour clients les plus puissants et les plus braves de la nation : ils les excitent non-seulement par leurs discours, mais aussi par les chants de leurs bardes, qui répètent sans cesse à leurs oreilles les exploits de leurs ancêtres.

— C'est un orage qu'il faut laisser gronder.

— Non, Atax, c'est un torrent qu'il faut jeter hors de nos contrées. Écoute ; vers le levant et vers le midi de ce pays sont de vastes contrées, qui sont séparées de nous par de hautes montagnes qu'on nomme les Alpes.

— D'où sais-tu cela? dit Atax sévèrement, pourquoi jettes-tu tes regards hors de la terre qui t'a été donnée en partage?

Ambigat haussa les épaules, et reprit avec impatience :

— Ne l'as-tu pas entendu raconter à tes druides, venus du pied de ces montagnes il y a deux ans, et qui l'ont appris de ces étrangers qui sont venus fonder une ville sur les bords de la mer Bebricienne?

— Après? dit Atax.

— Eh bien! ne trouves-tu pas étrange que ces hommes au teint basané, au corps frêle et sans vigueur, qui parlent une langue molle et faible comme leurs membres, osent asseoir leurs demeures sur la terre puissante des Celtes, habitée par des hommes qui les dépassent de la tête, et que nous n'allions pas dans le pays de ces hommes, nous qui sommes plus forts, plus vaillants et plus nombreux, planter nos cités et prendre leur terre?

Atax demeura pensif et dit à Ambigat :

— Et tu veux conduire nos guerriers à cette conquête, toi?

— Non, dit Ambigat; l'âge a glacé mon corps et dévoré ma vigueur. Le temps n'est plus où je franchissais sur un pied le double de l'espace que peut franchir un cerf, et où je retombais ferme et droit au milieu d'épées nues dont la poignée était plantée en terre ; le temps n'est plus où les deux plus forts guerriers ne pouvaient passer dans un sentier, quand j'y avais posé mon bras comme une barrière, quelques efforts qu'ils fissent pour l'ébranler : c'étaient les jeux de ma jeunesse, tu t'en souviens. Mais les deux fils de ma sœur, Sigovèse, si riche en chariots (1), et Bellovèse, qui a inventé le thyrse, ce bouclier qui sert à la fois de défense au guerrier et qui l'aide à traverser les fleuves; ces deux jeunes gens commanderont cette expédition.

— Et ils emmèneront avec eux cette population turbulente qui te menace, n'est-ce pas ? dit Atax.

— Oui, dit Ambigat, ils purgeront le pays

---

(1) Ici encore l'étymologie remonte au celte, le char ne vient de *currus* que parceque *currus* vient du celte carri. César dans ses Commentaires dit *carrus*.

de ces esprits inquiets qui cherchent la raison de toute chose, et qui demandent quelquefois pourquoi le labeur est pour ceux-ci, et la récompense pour ceux-là.

— Et qu'as-tu résolu?

— Je n'ai rien résolu sans te consulter; mais je crois qu'il serait prudent d'envoyer des hommes choisis pour prévenir tous les guerriers des contrées les plus lointaines qu'au retour du printemps, et dans l'assemblée de la nation, une guerre immense sera décidée, et que ceux qui veulent y prendre part n'ont qu'à se préparer.

— Et sur quoi fonderas-tu la nécessité de cette guerre, Ambigat?

— C'est pour te demander si elle sera agréable à Theutatès, que je suis venu te voir, Atax.

— La guerre est toujours agréable au dieu des guerriers.

— Theutatès l'approuve donc?

— Je te dirai cela dans deux jours.

— Dans deux jours je te reverrai.

— C'est inutile, on peut remarquer ton absence; car si quelqu'un avait à t'entretenir, tu sais que de nuit comme de jour tu dois être prêt à répondre à ceux qui se présentent à ta porte : c'est assez d'une fois, d'avoir secrètement quitté ta demeure : si Theutatès trouve la guerre juste et si tes projets lui sont agréables, il aura parlé dans deux jours.

Après ces paroles, le roi et le druide se séparèrent, et Ambigat regagna sa demeure royale.

II.

Plus de trois mois après cet entretien, un concours extraordinaire de voyageurs se pressait sur les routes tortueuses qui gravissaient les collines et serpentaient à travers les forêts et les marais de la Celtique.

Dans la contrée des Tectosages, vers l'endroit où est située aujourd'hui la ville de Carcassonne, un nombreux convoi s'avançait dans la plaine. En tête marchait, sur un char traîné par deux chevaux, un beau jeune homme qui, le dos tourné vers les lieux où ses chevaux le conduisaient, jetait un long regard sur la foule qui marchait après lui et semblait envoyer un dernier adieu à la terre qu'il quittait.

Cette foule, qu'il contemplait ainsi de temps en temps, présentait un spectacle misérable : elle se composait d'hommes mal vêtus : leurs braies étaient déchirées, leurs tuniques de laine grossière étaient de couleur sombre, et la ceinture où pendait leur épée n'avait aucun ornement. La misère qui se montrait sur les vêtements paraissait encore plus cruelle dans les hommes ; presque tous avaient le teint hâve ; leurs membres étaient grêles et mal nourris. Les femmes, haletantes, défaites et le front ruisselant de sueur, portaient leurs enfants sur leurs épaules. De temps en temps elles s'attachaient des mains au bout des chariots où leurs époux étaient tristement couchés, et cherchaient une aide que ne leur donnaient qu'à grand'peine les chevaux sans vigueur qui traînaient ces chars.

La longue file gravissait une colline, et le

soleil de mai ajoutait le poids de ses rayons à la fatigue de la marche et à la raideur de la montée.

Près du chariot qui était en tête, un homme à cheveux blancs et à barbe blanche, allait, monté sur un âne qui, avec son maître, semblait le mieux nourri de toute cette bande d'hommes et d'animaux. Arrivé à une certaine hauteur, le jeune homme put voir que la file de chariots qui le suivait se disjoignait à certains endroits. Chacun ne touchait plus celui qui le précédait : il se faisait de longs intervalles : c'était comme un immense serpent dont les tronçons séparés cherchent à se rejoindre. Le jeune homme après avoir considéré un moment ce spectacle, se pencha vers le vieillard, et d'une voix dont la sonorité avait un éclat qu'il tempéra jusqu'à la prière en lui parlant :

— Astrucion, lui dit-il, retourne-toi, et vois nos guerriers et leurs femmes ; à peine peuvent-ils suivre mon char, bien que je modère l'ardeur de mes chevaux. Prends ta harpe et commence quelque chant qui ranime leur courage et leur rende le chemin moins fatigant.

Le vieillard regarda le jeune homme d'un air railleur et lui répondit :

— Bebrix, où est ma part du butin pour que je chante ?

— Ta part du butin, barde ? repartit Bebrix, mais si j'ai besoin de tes chants pour animer mes guerriers à le conquérir, comment y pourrai-je arriver si tu me les refuses ?

— Maudit soit le jour où je me suis attaché à la fortune d'un chef aussi pauvre que tu l'es !

— Et maudit soit le jour, répliqua Bebrix, où je t'ai choisi pour barde, lorsque tu fus chassé de la forêt sacrée pour t'être enivré durant les cérémonies, et avoir dérobé un agneau à une veuve qui l'offrait en sacrifice pour les jours de son fils !

— Le crime n'a pas été prouvé, Bebrix, et si depuis ce temps j'ai vécu dans la proscription des hommes de ma science, c'est parce que la destinée de la vertu sur cette terre est de souffrir.

Bebrix jeta un regard de colère sur le barde misérable, et, s'appuyant le dos sur le devant de son char, il croisa ses bras et rentra dans son silence. Mais Astrucion continuait à lui parler en suivant le char, et lui disait :

— Tu me regardes avec mépris, Bébrix, parce que je suis pauvre et que j'ai été repoussé par les miens; tu fais plus, tu ris quand je te parle de la persécution qui frappe la vertu; et pourtant, mon histoire est la tienne, Bébrix. Ta famille est de race antique, tu es jeune, tu es beau, tu es brave entre les braves, mais tu es pauvre, et quand tu as demandé à Valla son amour et sa couche elle a ri de toi, et son père le vieux Ruscin a ordonné qu'on te chassât de sa demeure. Il y a quelques jours encore, quand tu t'es présenté pour conduire nos populations près du roi Ambigat, elles t'ont préféré Saron, que tu as vaincu tant de fois dans nos jeux, que tu as laissé si souvent derrière toi dans nos guerres contre les Ibères. C'est que Saron a l'or qu'il récolte dans les eaux du fleuve (1) qui coule dans ses états, c'est qu'il possède de nombreux troupeaux qui suivent son armée, et qui assurent à chacun un bon repas après un long

(1) Arriège.

jour de marche. Pourquoi as-tu à subir à la fois les dédains d'une jeune fille et ceux d'un peuple? parce que tu es pauvre. Pourquoi donc alors me reproches-tu ma pauvreté?

— Ce n'est pas ta pauvreté, c'est ta mauvaise vie que je t'ai reprochée, Astrucion.

— C'est possible, dit Astrucion, mais qui t'a dit que la pauvreté n'ait pas été la mère de ma mauvaise vie? Tu es jeune, Bébrix, et tu n'as encore lutté que contre la misère seule; mais voici que tu entres dans la vie et tu y rencontreras, outre la pauvreté, de cruelles passions qui lui viendront en aide. Ces passions, tu les portes en toi, Bébrix; je t'ai remarqué quand Saron a paru devant le peuple avec ses chaînes et ses bracelets d'or, tes regards s'y attachaient si brûlants qu'il semblait qu'ils dussent fondre le métal autour des poignets et sur la poitrine de ton rival. Lorsque le roi Ruscin t'a fait chasser de sa demeure, tu n'as point montré d'humilité, tu n'as point montré d'orgueil, tu as gardé le silence; tu n'as pas baissé les yeux vers la terre comme un homme abattu, tu ne les as pas élevés vers le ciel pour l'adjurer, tu les a dirigés sur la poitrine du roi, à l'endroit du cœur, là où la blessure que tu veux lui rendre sera mortelle. Bébrix, tu aimes l'or et la vengeance; ces deux passions, qui sont des vices dans la richesse, enfantent d'ordinaire des crimes dans la pauvreté. Prends-y garde.

— Barde, répondit Bébrix sans s'émouvoir, tu viens de remplir un des devoirs de ton état, car tu as fait entendre de sages avis à mon oreille; mais ce n'est pas cela que je t'avais demandé, ce n'est pas ce que je te demande encore. Le désordre gagne notre marche; la fatigue est prête à vaincre les plus robustes : ranime-les par tes accords.

— Comment veux-tu que je donne aux autres le courage qui commence à me manquer? Si du moins j'avais pour le soutenir une mesure d'hydromel, ou quelque pièce d'argent.

Le visage de Bébrix se contracta légèrement, puis il se pencha vers le fond de son chariot, et d'un sac de peau placé sous ses pieds, il tira une pièce mince et large qu'il montra à Astrucion.

— Voici, lui dit-il, la récompense que tu exiges sans l'avoir gagnée. Ce trésor que j'emporte me coûte assez cher, tu le sais, pour que je le ménage, n'en abuse donc pas.

— Oui vraiment, dit Astrucion, tu as emprunté cet argent et tu t'es engagé à le rendre dans ce monde ou dans l'autre. La mort ne te libérera pas si ta vie n'a pu te libérer. C'est là une affaire de jeune homme, Bébrix, et l'on n'est pas plus imprudent (1).

— Chante, répondit Bébrix, emmène mes compagnons jusqu'au but du voyage : puis, que la guerre éclate, et je n'aurai pas fait une mauvaise affaire; car, je te le jure, je saurai conquérir une part de butin qui me fera libre envers le passé et riche pour tout mon avenir.

—Je suis prêt, répondit le barde, et le vieillard secoua sa tête blanche et leva les yeux vers le ciel; l'expression vulgaire de ses traits s'effaça dans l'inspiration qui s'empara de lui ou

(1) Les Gaulois prêtaient de l'argent à la condition qu'il leur serait rendu dans l'autre monde. Avec leur croyance que les habitudes de la vie continuaient après la mort, c'était un placement de prévoyance, une manière de caisse d'épargne. Diodore de Sicile rapporte ces singuliers contrats.

qu'il affecta avec habileté ; car à cette époque où la poésie était une ressource, la poésie était un métier. Cependant Astrucion commença le bardit suivant :

— « En avant !

» La forêt sacrée où est la statue de Theutatès a gémi ; des hurlements étranges sont sortis de ses entrailles, des serpents monstrueux s'y sont montrés, et des flammes sanglantes ont couronné ses plus hautes branches.

» En avant !

» C'est quelque guerre terrible qui nous est annoncée. Le roi Ambigat nous y convie de tous côtés ; arriverons-nous les derniers au festin ? Entrerons-nous quand nos frères seront déjà rassasiés de sang et de butin

» En avant !

» Celui qui n'arrivera pas est plus méprisable que celui qui fuit. Celui qui a fui a cru en sa force ; celui qui n'arrive pas était sûr de sa lâcheté.

» En avant !

» Si vous ne voulez pas être maudits et raillés durant votre vie, si vous ne voulez pas que vos fils se lèvent devant vous sans votre permission.

» En avant !

» Si vous craignez d'être chassés des sacrifices, et d'errer dans les forêts comme une bête fauve ; enfin si vous ne voulez pas que chacun puisse passer en sifflant sur votre tombe.

» En avant ! »

Ce chant, dit d'une voix retentissante, sembla parcourir tout le flanc de la montagne, et comme une étincelle électrique ranima le courage défaillant des guerriers de Bébrix. Ils achevèrent de franchir la colline qui les avait si cruellement lassés et descendirent bientôt dans une plaine considérable où déjà étaient posés plusieurs camps. Chacun d'eux, entouré des chariots de ses guerriers, formait une vaste circonférence au centre de laquelle étaient enfermés tous ceux de la nation qui suivaient le même chef. Bébrix eut bientôt reconnu le camp de Ruscin et celui de Saron. Ils étaient d'une vaste étendue; des chariots peints de diverses couleurs les entouraient de toutes parts, des chevaux superbes et bien nourris étaient attachés près de ces chariots, et de nombreux foyers allumés d'un bout à l'autre de l'enceinte annonçaient qu'on y faisait bonne chère et que les provisions y étaient abondantes.

Quoique cet aspect de prospérité dût mieux faire sentir sa misère à Bébrix, cependant il poussa un cri de joie en apercevant les deux camps.

—Amis, s'écria-t-il, en s'adressant aux siens dès qu'il eut aperçu les deux enceintes, amis, nous les avons atteints. Ils sont partis deux jours avant nous, fiers de leurs richesses et dédaigneux de notre misère. Vous les voyez ces guerriers qui m'ont refusé pour chef et ces chefs qui vous ont refusés comme guerriers, ils traînent leur lourde opulence sur les routes, tandis que notre pauvreté court sur des jambes agiles et arrive la première. Qu'ils rient aujourd'hui de notre petit nombre et du modeste éclat de nos parures ; notre jour viendra de les railler lorsqu'ils nous trouveront les premiers dans le camp ennemi, gorgés d'or et de butin, comme ils le sont en ce moment de viandes et de boissons.

Une longue acclamation répondit à Bébrix, et ses guerriers ayant descendu la colline sur sa trace, il alla asseoir son camp entre les deux camps de Ruscin et de Saron et à une égale distance de l'un et de l'autre.

Pendant qu'il faisait former l'enceinte de chariots, les guerriers qui avaient suivi Ruscin et Saron étaient accourus sur la limite de leurs camps. Ils accueillirent les nouveaux venus par de longs éclats de rire; et toutes les fois qu'un chariot délabré ou un cheval fatigué éprouvaient quelque embarras à prendre leur place, ils ne tarissaient pas en moqueries insultantes contre Bébrix et ses guerriers.

D'abord celui-ci les supporta avec calme et maintint les mouvements de ses soldats. Mais les insultes devenaient d'autant plus hardies qu'on ne leur répondait pas, et bientôt ce ne fut plus de leur pauvreté qu'on railla les clients de Bébrix, mais de la patience avec laquelle ils supportaient l'outrage.

L'un des fâcheux rieurs n'eut pas plus tôt prononcé ces imprudentes paroles, que Bébrix s'élança vers le camp de Saron, où les sifflets les plus aigus et les cris les plus violents se faisaient entendre, et s'approchant d'un char sur lequel était monté un soldat de taille colossale, il s'adressa à lui et lui cria :

— Tu me reproches ma patience, Naumès, eh bien, moi je veux exercer la tienne; mais ce n'est point avec la langue que je frappe; c'est l'arme des lâches : ce n'est pas non plus avec l'épée que je frappe ceux qui frappent avec la langue, je ne salis point mon glaive d'un sang si vil ; voici comment je les punis :

Tout aussitôt Bébrix tira de sa saye un long fouet fait d'un manche de houx flexible, auquel était attachée une longue lanière de cuir, et il en frappa le guerrier formidable qui était sur son chariot. Celui-ci, à cet outrage public, saisit sa framée (1) et la lance avec fureur contre Bébrix ; mais le jeune guerrier,

(1) C'était un javelot à tête de fer avec lequel ils frappaient, ou qu'ils lançaient contre leurs ennemis, selon l'occasion. *Vel cominus vel eminus pugnent*

attentif et léger comme un chevreuil, bondit au moment où l'arme s'échappe de la main de son ennemi, et le javelot va s'enfoncer dans la terre, où il s'enfouit presque tout entier. Bébrix l'en arrache, et le jetant d'une main vigoureuse dans son propre camp, il s'écrie :

— Voici une broche que nous prêtent nos amis du camp de Saron pour faire cuire nos quartiers de bœuf.

Cependant le guerrier, indigné de l'affront qu'il a reçu, prend son épée et son bouclier et s'élance de son char pour se précipiter sur Bébrix; mais avant qu'il ait touché la terre un nouveau coup de fouet lui frappe les reins, et Bébrix lui dit d'une voix railleuse:

— Ce n'est pas bien sauté, et si mes levriers ne franchissaient pas mieux un si petit obstacle, je leur donnerais dix coups de fouet au lieu d'un. Naumès pousse un cri de rage et ne répond point. Armé de sa longue épée et de son vaste bouclier, il court sur Bébrix. Celui-ci, dont les pieds sont plus rapides que ceux du rapide élan, l'évite facilement et fuit en riant devant lui. Naumès le poursuit avec acharnement; alors Bébrix, feignant de se laisser atteindre, bondit de côté, tandis que le soldat lancé dans sa course dépasse l'endroit où s'est arrêté son ennemi, et reçoit de celui-ci un nouveau coup de fouet qui lui déchire les épaules. Naumès se retourne furieux, le fouet revient et le frappe au visage, d'où le sang coule. Aussitôt un hurlement de rage et de douleur sort de la poitrine du soldat, et la course recommence plus rapide.

Pendant ce temps, les guerriers des trois camps, les femmes, les enfants étaient accourus sur les limites de l'enceinte et considéraient avec anxiété cette lutte étrange. Saron était parmi les siens, où on le reconnaissait à l'éclat de ses vêtements, et Ruscin, qu'avait accompagné sa fille Valla, s'était de son côté mêlé aux curieux. Depuis quelques moments la lutte de Bébrix et du géant Naumès ressemblait à celle d'un lièvre poursuivi par un lévrier de haute taille; les ruses de Bébrix, pour éviter l'ennemi qui le poursuivait avec acharnement, semblaient s'épuiser. Vainement il avait plusieurs fois changé de direction, le soldat en avait changé aussi rapidement que lui. Les cris des soldats de Ruscin et de Saron excitaient leur guerrier contre Bébrix, tandis que les soldats de celui-ci demeuraient immobiles et tremblants de l'issue probable du combat.

En effet, Bébrix avait déjà parcouru deux fois la distance qui séparait les camps les uns des autres; et si le soldat n'avait pas gagné de terrain sur lui, il n'en avait pas perdu non plus; il semblait donc que ce ne fût plus qu'une lutte de vigueur, et nul ne doutait que le jeune chef ne tombât de lassitude avant le robuste soldat qui le poursuivait; déjà même et à plusieurs reprises Bébrix n'avait paru lui échapper que par un effort désespéré.

Mais au moment où Valla se montre à côté de son père, sur l'un des chariots qui bordaient son camp, Bébrix poussa un long cri; et tournant plusieurs fois sur lui-même tout en fuyant, il lança à son ennemi de rapides coups de fouet, en lui criant d'une voix railleuse :

— Allons, allons, Naumès, plus vite, voilà une belle fille qui te regarde.

On comprit alors que Bébrix n'avait prolongé sa course si longtemps que pour laisser le temps d'arriver, aux spectateurs qu'il voulait avoir.

Aussitôt, il s'élança rapidement vers Valla, de manière à laisser Naumès bien loin derrière lui et se donner le temps d'adresser quelques paroles à la jeune fille : elle était debout sur un chariot et près d'une femme voilée, dont la haute taille égalait presque celle des plus grands guerriers. Bébrix n'y prit point garde, et s'adressant à la fille de Ruscin :

— Valla, lui dit-il, j'exerce les guerriers de ton amant à la course, pour leur apprendre à fuir quand ils seront en face des ennemis.

— C'est à les poursuivre que tu les exerces, répondit Valla ; mais tu ne leur enseignes pas à les voir en face, car tu tournes toujours le dos.

— Tu as donc soif du sang de cet homme, que tu veuilles qu'il me voie en face, dit le jeune guerrier.

— Le sang ne coule que par l'épée, Bébrix,

répondit Valla, en montrant d'un air de dérision le fouet dont Bébrix était armé.

— Il coule aussi par le fouet, répliqua Bébrix, et plus d'une femme adultère a arrosé du sien le sentier qui mène au bourbier qui doit enfouir sa honte et son cadavre.

Valla pâlit, car sa mère était morte de ce supplice. Ruscin tremblant de colère cria au soldat qui accourait :

— Guerrier, je te donnerai autant d'onces d'argent que ce misérable a de gouttes de sang dans les veines ; frappe-le, ta récompense est prête.

Le soldat, excité par ces paroles, arriva à deux pas de Bébrix, et il levait déjà sa terrible épée sur son ennemi, quand celui-ci, enveloppant rapidement les jambes du Celte de la longue lanière de son fouet, la retira violemment à lui et le fit tomber presqu'à ses pieds, le visage contre terre. Puis, avant que celui-ci eût le temps de se relever, Bébrix reprit sa course et le traîna avec une rapidité que ce fardeau ne semblait pas ralentir, tandis que le soldat s'attachait de ses mains et de ses ongles aux aspérités du terrain. Dans cet effort le fouet de Bébrix se brisa et l'épée du Celte échappa à sa main. Bébrix désarmé courut la ramasser pendant que le soldat se relevait et brandit un moment le terrible glaive au-dessus de la tête de son ennemi ; mais au moment où il semblait prêt à frapper le coup qui devait finir la lutte, il lança le fer vers son camp, en criant aux siens :

— Voici pour vous encore, amis.

Et du seul manche de son fouet qu'il avait conservé, il renversa de nouveau Naumès, qui retomba comme un taureau sous le marteau du boucher. Bébrix s'éloigna une seconde fois. Le soldat, étourdi du coup qu'il avait reçu, se releva d'abord comme un homme ivre et en portant autour de lui des regards perdus. Il avait cet horrible aspect de la rage vaincue qui s'acharne à la lutte. Une écume sanglante sortait de ses lèvres et sa poitrine laissait échapper de sourdes imprécations. Enfin il aperçoit Bébrix arrêté devant le chariot sur lequel était Valla.

— Maintenant, disait-il à la jeune fille, je

te le jure, cet homme ne verra plus mes talons que lorsque je le foulerai vivant sous mes pieds

A peine avait-il prononcé ces mots qu'il aperçut le soldat qui accourait sur lui avec la rapidité d'un sanglier blessé qui se précipite en aveugle sur l'épieu qui doit l'achever. Naumès avait jeté son bouclier loin de lui, tant la rage l'exaspérait, oubliant que c'est la dernière honte d'un guerrier (1), et pensant que ce n'était plus qu'une lutte corps à corps qu'il avait à soutenir contre son ennemi et que la victoire l'absoudrait. Mais il s'était trompé, Bébrix avait attaché une nouvelle lanière au manche de son fouet; et quand le Celte accourut sur lui, n'ayant plus de défense contre les atteintes de son ennemi, celui-ci le frappa à la face. Le guerrier exaspéré avança sous le coup, Bébrix recula avec rapidité en le frappant de nouveau. Naumès, hurlant et écumant avança encore, et Bébrix le frappa encore sans pitié. Naumès se précipita

(1) Scutum reliquisse præcipuum flagitium.

en couvrant son visage de ses mains, un coup
de fouet vint déchirer ses mains sur son visage.
Tant de douleur ne l'arrêtait pas ; mais frappé
par une main infatigable, chaque pas lui arrachait un cri de douleur et de rage. Bientôt les
vêtements volèrent en lambeaux et se baignè-
rent de sang ; bientôt, sur ce corps dépouillé,
les larges sillons bleuâtres que le fouet y im-
primait ruisselèrent sous de nouvelles atteintes. Enfin le guerrier, ne pouvant saisir
cet ennemi qui le frappait sans cesse et qu'il
ne voyait plus à travers le sang qui lui coulait
dans les yeux, finit par s'arrêter ; le désespoir
le prit, le sentiment de son impuissance acca-
bla la férocité de son courage, et déchiré de
blessures douloureuses qui s'irritaient incessamment, il se retourna et se prit à fuir. A
cet aspect les soldats de Bébrix poussèrent de
longues acclamations, et les deux camps mur-
murèrent avec fureur, tandis que le jeune
chef poursuivait impitoyablement le Celte,
en le chassant devant lui comme une bête
de somme.

— Va, lui cria-t-il, je suis patient comme

tu disais; fuis, fuis, je te poursuivrai toute la journée pour que tu saches combien je suis patient.

Le Celte, pris enfin de cette désespérance qui ne tente plus rien pour son salut, fuyait en effet sans chercher à gagner un asile, et Bébrix l'eût sans doute fait périr de l'horrible supplice qu'il lui infligeait, si quelques soldats du camp de Saron ne s'étaient élancés à son secours. Bébrix s'arrêta; de nouveaux guerriers sortirent du camp de Ruscin, un grand tumulte mêlé de cris s'éleva de tous côtés, et Bébrix vit les chars qui présentaient le flanc tourner lentement sur leurs essieux; on y attelait les chevaux, on rattachait la bride de ceux qui devaient être montés, chacun courait à ses armes, l'air retentissait d'imprécations où son nom était mêlé. Nul guerrier ne se présentait seul pour lutter contre Bébrix, mais tous se préparaient à un combat général pour le punir du châtiment outrageant qu'il avait infligé à l'un des soldats de Saron.

Averti par ce mouvement extraordinaire de

l'imprudence qu'il avait commise, Bébrix se retira dans son camp, décidé à le défendre, mais à peu près assuré qu'il ne pourrait résister à l'attaque de ses deux rivaux réunis et de leurs nombreux guerriers.

Il dit quelques paroles à Astrucion, qui sortit à l'instant du camp et se rendit d'abord à celui de Ruscin, ensuite à celui de Saron. Cependant les chars étaient prêts et les trompettes de fer, au cri rauque et déchiré, retentissaient de toutes parts.

C'en était fait sans doute de Bébrix et de son camp, lorsqu'au moment où cette multitude furieuse allait l'assaillir, quelques hommes vêtus de blanches robes de lin s'avancèrent entre les armées. C'étaient les Bardes qui avaient suivi Saron et Ruscin, et qui avaient été témoins des injures adressées à Bébrix et de la vengeance qu'il en avait tirée. Ces hommes sacrés avaient deux saintes missions parmi les Celtes : celle de les exciter au combat contre les ennemis, et celle de calmer leur fureur, lorsqu'ils s'armaient les uns contre les autres. Ils avaient permis la lutte de Bébrix contre le soldat, parce qu'ils l'avaient trouvée juste; mais il s'interposèrent entre les camps, parce qu'ils virent que la justice étant du côté de la cause la plus faible par le nombre, elle succomberait infailliblement.

Les guerriers les plus animés voulurent passer outre; mais les Bardes tous ensemble ayant entonné d'une voix forte un chant de malédiction contre ceux qui méconnaîtraient leurs ordres, une si profonde terreur s'empara de tous ces féroces guerriers qu'ils s'arrêtèrent soudain, reculèrent lentement et rentrèrent dans leur camp, comme si la voix de Theutatès lui-même leur eût parlé du haut des nuages.

Le soir du même jour, comme Bébrix était étendu par-terre enveloppé dans la peau d'un ours qu'il avait tué parmi les glaces des montagnes qui séparaient la Celtique de l'Ibérie, son nom doucement prononcé à son oreille, l'éveilla de la rêverie profonde où il était plongé.

Dans ce moment, en effet, il considérait ses guerriers qui dévoraient en silence quelques

maigres aliments, et qui avaient pour toute
boisson l'eau de l'une de ces fontaines que
l'hospitalité des Celtes marquait partout d'une
énorme pierre pour la désigner aux voyageurs,
et à laquelle on scellait une chaîne de fer qui
retenait le vase nécessaire pour puiser cette
eau. Bébrix considérait ce triste spectacle
et entendait d'un autre côté les cris joyeux
des guerriers de Saron et de Ruscin qui s'enivraient d'hydromel autour des foyers où fumaient des viandes saignantes. Il méditait sur
le parti qu'il lui fallait prendre, il se consultait pour savoir s'il devait continuer sa route
en suivant la marche de ses rivaux, ou s'il
devait partir avant eux et les précéder au
rendez-vous général. Ce projet avait été d'abord le sien; mais depuis son combat avec
Naumès, il craignait de paraître fuir Ruscin
et Saron en les devançant; d'une autre part, il
avait juré d'arriver avant eux au rendez-vous
général, et il ne voulait pas sembler se traîner
à leur suite comme pour ramasser les débris
des festins qu'ils laissaient sur leur passage. Il
en était là de ses réflexions, quand cette douce

voix qui prononça doucement son nom, vint le faire tressaillir.

— Bébrix, lui dit-elle, penses-tu que les filles des Celtes soient toutes assez dégénérées de leur noble race, pour préférer le faible guerrier qui a des colliers et des bracelets d'or, au brave qui n'a que le fer de son épée et l'airain de son bouclier pour patrimoine?

— Qui es-tu, demanda Bébrix, toi qui as osé pénétrer dans mon camp sans ma permission; toi qui as pu le faire sans que mes guerriers t'aient arrêtée au passage?

— Bébrix, répondit la femme voilée qui était debout devant lui et qui l'avait ainsi interpellé, l'amant qui veut pénétrer la nuit dans la demeure de sa maîtresse, porte avec lui un gâteau de farine et de miel pour apaiser les dogues qui rôdent autour de la maison. Moi j'avais le gâteau doré qui endort les sentinelles les plus vigilantes, et je suis arrivée sans obstacle, car j'avais l'ordre de ma maîtresse de parvenir à tout prix jusqu'à toi.

— C'est donc une femme qui t'envoie? dit Bébrix.

— Une noble femme, jeune homme, qui t'a vu aujourd'hui châtier Naumès, et qui pense que tu mérites mieux que tes rivaux de marcher à la tête des guerriers tectosages.

— Quelle femme a pu me voir aujourd'hui, répondit Bébrix, qui ne soit l'épouse ou la fille d'un des guerriers de Saron ou de Ruscin ; et si c'est une d'elles, que peut-il y avoir de commun entre nous ?

— Bébrix, ta mémoire est bien peu sûre, ou l'attention que tu portes autour de toi est bien légère : ne te souvient-il pas que lorsque Vintex, l'envoyé d'Ambigat, arriva dans nos contrées, il n'y arriva point seul ?

— Tu as raison. Élomare, son épouse, la nièce chérie d'Ambigat, la sœur de Bellovèse et de Sigovèse l'accompagnait.

— Et tu n'as pas oublié sans doute que Vintex, ne voulant pas l'exposer aux dangers d'un voyage plus éloigné, la laissa près de Ruscin et de sa fille Valla, pendant que lui-même continuait sa route vers le pays des Allobroges.

— En effet Elomare doit être au camp de Ruscin, qui s'est chargé de la ramener près de son oncle; mais ce n'est pas elle qui t'a envoyée en ces lieux. Élomare est aussi renommée pour sa vertu que pour sa beauté, et ne confie pas de pareils messages à une bouche étrangère.

— A ton tour tu as raison, répondit l'étrangère, d'une voix calme et fière; on ne confie de pareils messages à personne, et c'est pour cette raison qu'Elomare est venue te porter le sien elle-même.

—Elomare! s'écria Bébrix en se levant soudainement.

— Est-il nécessaire de crier mon nom à tous tes guerriers, jeune homme? n'est-ce pas assez de toi pour savoir ce qui m'amène ici? reprit Elomare avec une froideur encore plus remarquable.

— Elomare, reprit Bébrix à voix basse, toi dans mon camp, seule, durant la nuit, quel intérêt à pu t'y conduire?

— Bébrix, si tu ne le comprends pas, je n'ai plus qu'à te quitter.

— Et si j'osais le comprendre, dis-moi comment je pourrais y répondre.

—Si tu ne le sais pas, répliqua Elomare, je n'ai qu'à te quitter encore, mais en regrettant d'avoir trop présumé de toi.

— Demeure, Elomare, et écoute-moi à ton tour. Puisque tu sors du camp de Ruscin, puisque tu es la compagne de Valla, tu sais mon amour pour cette jeune fille.

— Je le sais.

—Crois-tu que l'amour que le cœur a nourri de longues années puisse s'éteindre tout à coup pour faire place à un nouvel amour?

— Je l'ignore, répondit Elomare, après un long silence où elle sembla prendre une décision nouvelle et changer la direction qu'elle avait d'abord donnée à cet entretien; je l'ignore et peu m'importe, ce n'est point d'amour que je viens te parler, c'est de projets de grandeur et d'ambition que je te veux entretenir.

— Parle...parle...répondit Bébrix avec une joie soudaine.

—Si je devais te dire tout ce que j'ai médité, la nuit ne suffirait pas à notre entretien; sache seulement que Ruscin et Saron irrités de l'outrage que tu leur as fait, en châtiant le guerrier Naumès, ont conçu le projet de te perdre.

— Moi! oh qu'ils viennent, répliqua Bébrix en jetant un regard d'amour sur son épée comme un chasseur regarde un levrier altéré auquel il promet du sang. Qu'ils viennent!

— Ecoute, reprit Elomare, si tu ne veilles attentivement sur ton camp, lorsque la nuit sera tout-à-fait descendue du ciel, des envoyés de Saron viendront furtivement rôder autour de ces lieux. Ils s'approcheront de tes chariots comme des larrons, non pour y voler le butin et les armes, mais pour surprendre la bonne foi de tes guerriers et te voler leur fidélité. Ils leur parleront avec de magnifiques promesses à la bouche et de riches présents dans les mains; et tu ne t'étonneras pas demain, si tu pars le premier, de voir tes soldats rester en arrière pour attendre de nouveaux chefs, tu ne t'étonneras pas, si tu ne pars qu'après Saron, que tes soldats t'aient déjà précédé pour se réunir à lui.

— Ainsi je resterai seul.

— Seul ! Et quant tu arriveras à l'assemblée, il te sera difficile de prendre place parmi les chefs, toi qui ne seras chef de personne.

— Ah ! s'écria Bébrix, c'est le projet de deux lâches, et je les en punirai.

— Comment ?

— Par le combat.

— Il n'y a pas de combat possible quand l'or est l'arme de l'un des deux ennemis.

— Et que faire alors ?

— Les vaincre par la ruse qu'ils ont voulu employer contre toi.

— Cette ruse c'est l'or qui peut la faire réussir, et ma main ne s'est endurcie qu'à manier la poignée de fer de mon épée.

— Aussi t'ai-je apporté de l'or.

— Toi,

— Moi.

Elomare laissa tomber à ses pieds une lourde saccoche pleine de monnaie et d'ornements d'or.

— C'est pour moi tout cela ? s'écria Bébrix.

— Pour toi, dit Élomare.

— Et dans quel but ?

— Je te le dirai quand tu arriveras à l'assemblée générale, suivi de nombreux guerriers, sur un char magnifique, vêtu de somptueux habits, paré de riches ornements ; tu sais Bébrix, que j'ai droit d'assister au conseil comme femme, comme prêtresse, comme nièce d'Ambigat. J'ai donc le pouvoir que donne la beauté, la religion et la naissance ; calcule ce que je puis pour celui que je prendrai sous ma protection.

— Que faut-il faire pour la mériter? dit Bébrix d'une voix qu'il essaya de rendre flatteuse. Faut-il t'aimer, toi qui es plus belle que toutes les jeunes filles.

— Il faut m'obéir, répondit Elomare d'une voix sombre; oublies-tu, jeune homme, que je suis l'épouse de Vintex; oublies-tu que le bourbier attend les adultères et le mépris ceux qui oublient les promesses qu'ils ont faites à une jeune fille? Tu aimes Valla, Bébrix : Valla t'aimera ; aujourd'hui elle a commencé.

Et en disant ces mots elle écarta son voile et montra au jeune guerrier son beau visage, dont la fierté troubla Bébrix.

— Regarde-moi, dit-elle, regarde-moi pour me connaître, et n'oublie pas que tu dois arriver devant l'assemblée de la nation, comme l'un de nos plus riches et de nos plus puissants guerriers.

Aussitôt elle s'échappa, et Bébrix suivit longtemps des yeux cette grande ombre blanche qu'il eût prise pour une apparition surnaturelle, s'il n'avait vu à ses pieds le trésor qu'Elomare lui avait laissé.

III.

Une lune après cette aventure, car les Celtes partageaient leur année en lunes, les révolutions de cet astre n'ayant besoin d'aucune science pour être observées, une lune c'est-à-dire un mois après cette aventure, la campagne qui est baignée par l'Eure et l'Auron, ces deux rivières entre lesquelles Bourges est assis maintenant, retentissait des bruits confus d'une multitude innombrable. C'était la réunion de toutes les populations appelées par Ambigat. Elles s'étaient campées non loin de la cité qu'il habitait aux approches de la forêt sacrée. Les guerriers qui étaient accourus en foule à cette assemblée étaient les Ambarres du pays de Châlons, les Carnutes du pays de Chartres, si renommés par leur férocité et la pompe de leurs sacrifices, et qui étaient venus à travers les forêts immenses qui couvraient leurs contrées; les Aulerces du pays d'Evreux, dont la marche avait été dirigée par la rivière de l'Eure qu'ils avaient suivie en remontant son cours; mais les plus nombreux étaient les Tectosages dont le pays s'étendait des bords du Rhône aux montagnes des Pyrénées. Aussi leurs trois camps occupaient un espace égal à tous ceux des trois autres nations. Et de ces trois camps un seul était plus étendu que les deux autres ensemble. Ce camp était celui de Bébrix. Elomare avait sans doute tenu sa parole, et Bébrix s'était montré digne de comprendre les projets de cette femme.

Dans le moindre de ces trois camps, sous une tente faite de branches d'arbres sur lesquels on avait attaché quelques peaux d'animaux, deux hommes et une femme étaient réunis. Un silence absolu régnait entre eux; chacun s'entretenait à part avec sa propre pensée, n'ayant point le désir ou la volonté de savoir celle des autres ni de leur communiquer la sienne. Cependant un homme qui n'aurait pas été préoccupé comme l'étaient ces trois personnes, eût pu lire sur le visage de chacune d'elles, les sentiments divers qui l'agitaient. Le visage de Ruscin dénotait une colère concentrée et qui cherchait une raison d'éclater; les traits de Valla exprimaient une sorte de pitié que ses regards adressaient à Saron, et l'on devinait dans la pâleur morne de ce jeune chef l'accablement d'une âme qui n'a plus d'espoir. Enfin Ruscin se leva soudainement et s'écria :

— C'est un prodige inexplicable, j'ai consulté les Eubages (1) sur cet étrange malheur; ils m'ont répondu; qu'il n'y avait pas besoin de l'intervention du Ciel pour expliquer comment des guerriers avaient préféré

(1) Ceux des Druides qui étaient augures et devins.

suivre un jeune homme plein de force plutôt qu'un vieillard, un chef déterminé plutôt qu'un...

Saron se leva soudainement; c'était un pâle et blond jeune homme, d'une stature frêle et peu élevée; la débilité de ses membres et la maigreur de ses joues trahissaient sa faiblesse; mais quand il ouvrait son large œil bleu où brûlait une flamme singulière, on sentait que sous cette chétive apparence, il y avait un cœur puissant.

— Ruscin, s'écria-t-il, épargne-toi l'injure, elle ne servirait qu'à nous irriter l'un contre l'autre sans nous faire arriver au fond de ce mystère. Que les Eubages t'aient parlé avec mépris de ton âge et de ma faiblesse, cela ne m'étonne pas puisque nous vivons à une époque où la vieillesse est tombée dans le mépris des jeunes gens, où la force du corps décide seule de la place que les hommes doivent occuper parmi les justes et les puissants. Mais ces Eubages que t'ont-ils répondu lorsque tu leur as demandé où Bébrix avait pris cet or qu'il a prodigué à nos guerriers pour les détourner de notre camp, où il avait pris ces ornements dont il se pare avec tant de vanité?

— C'est vrai, dit Valla; aujourd'hui aucun guerrier n'était plus magnifique que Bébrix; sa ceinture resplendissait d'étoiles d'or, son collier et ses bracelets brillaient comme les rayons du soleil; sous cette parure il était beau comme le fils d'un roi et il effaçait presque les deux grands guerriers Bellovèse et Sigovèse.

— Tu l'as trouvé beau, Valla, dit Saron en souriant avec tristesse.

Valla rougit et s'étonna seulement alors des paroles qu'elle avait prononcées. L'observation de Saron lui fit remarquer l'étrange sentiment qui s'était glissé en elle sans qu'elle le raisonnât. Valla, jeune et belle fille, amoureuse de l'éclat et de la pompe des richesses, avait toujours méprisé le pauvre Bébrix, dont les tuniques et les sayes étaient de laine écrue, dont les armes étaient de fer, et elle avait admiré Saron renommé par la magnificence de ses vêtements et de ses armes; mais lorsqu'elle avait vu ces riches vêtements et ces armes magnifiques portées par Bébrix à la beauté mâle et à la puissante stature, elle avait trouvé celui-ci plus beau que Saron, et peut-être avait-elle éprouvé quelques regrets de l'avoir si durement méprisé. Sans doute elle eut honte de ce sentiment lorsqu'elle le découvrit pour la première fois dans son cœur; mais cette découverte même amena Valla à y réfléchir; et Saron devait perdre quelque chose aux réflexions de la jeune fille sur un pareil sujet. Cependant l'entretien continua, et Ruscin répondit à la question de Saron :

—Les Eubages ne m'ont point écouté, dit-il, quand j'ai voulu savoir l'origine de l'or que possédait Bébrix.

— C'est que leur savoir est un mensonge, répondit Saron.

—Tais-toi, enfant, s'écria Ruscin; ils savent plus de choses que tu ne penses; ils connaissent l'origine de plus d'une fortune, et peut-être pourraient-ils la révéler si on les irritait.

Ruscin prononça ces paroles avec un tremblement convulsif dans tout le corps et une pâleur mortelle sur le visage. Saron le remarqua et son regard s'assombrit, car il comprit la terreur de Ruscin.

C'est que la fortune de celui-ci avait une fatale origine. Sa fortune lui venait de son épouse, mais elle lui était venue par un crime affreux. Selon la coutume des Gaulois, un état avait été dressé des biens que chaque époux apportait dans la communauté, et, selon cette même loi, chacun des deux, après la mort de l'autre, devait rentrer dans tout ce qui lui appartenait. Une seule exception était apportée à ce droit réciproque et constant, et elle existait en faveur du mari, lorsque la femme accusée par lui d'adultère et convaincue de ce crime devant les Vacères (1), avait péri sous le fouet et avait été jetée dans le bourbier destiné à enfouir la coupable. Ruscin avait voulu posséder les richesses immenses de son épouse, et il avait supposé le crime qui devait les lui assurer; il avait trouvé des témoins pour l'attester, des juges pour le reconnaître, et la malheureuse femme avait supporté l'horrible supplice que Bébrix avait si cruellement rappelé à Valla.

(1) Druides juges.

Bien que, depuis la mort de sa femme, des soupçons se fussent élevés contre Ruscin, et qu'on eût douté dans sa contrée de la réalité du crime dont il avait tiré un si large profit, cet homme n'en avait pas moins été frappé d'épouvante quand les Eubages de la forêt sacrée lui avaient donné à entendre qu'ils connaissaient son secret. Comme tous les Celtes, Ruscin ignorait qu'une correspondance secrète et perpétuelle envoyait au chef des Druides les renseignements les plus précis sur les contrées les plus éloignées ; et il semblait à ces esprits inaccoutumés à l'intelligence et à l'habitude des relations lointaines, que l'espace était, comme la nuit ou comme l'avenir, un mystère inpénétrable à d'autres qu'aux esprits doués de divination. Ruscin, à cet avertissement qu'il reçut du chef des Eubages qu'il avait été consulter, n'osa pousser plus loin ces questions sur Bébrix, et le secret de la fortune du jeune chef lui demeura inconnu sans qu'il soupçonnât que le prêtre qu'il avait consulté avait quelques raisons de le lui cacher.

Un entretien auquel venaient se mêler coup sur coup, des sentiments qu'aucun de ceux qui les éprouvaient n'eût voulu dire tout haut, cet entretien devait s'interrompre fréquemment; aussi un nouveau silence s'établit-il entre les trois interlocuteurs. Cependant l'expression de leur visage avait changé. Une méditation active avait succédé à la colère sur le front du vieillard; et une préoccupation dont son regard ne rencontrait plus l'objet près d'elle, s'était emparée de Valla; Saron seul avait gardé sa contenance triste et désespérée.

Ce fut Ruscin qui le premier encore interrompit ce silence, mais cette fois, à voix basse et comme quelqu'un qui craint d'être entendu.

— Il y a une trahison dans tout ceci, dit-il; vous avez remarqué sans doute, quand le conseil s'est assemblé, avec quelle chaleur Élomare a fait valoir les droits de Bébrix. Pourquoi cet intérêt de la nièce d'Ambigat qui a trouvé l'hospitalité dans ma maison, pour un homme à qui elle n'a jamais adressé la parole?

—Les Eubages te l'ont dit, répondit Saron avec sa douce expression d'amertume, les femmes sont comme les guerriers, elles suivent les plus vaillants et parlent en faveur des plus beaux.

— Saron, dit vivement Valla, tu m'accuses à tort, j'ai parlé en ta faveur.

Le jeune homme sourit à la naïve injure de la jeune fille et répliqua :

— Puisses-tu ne pas déserter comme mes guerriers, Valla.

— Enfants, laissez là vos querelles amoureuses, dit Ruscin, et écoutez-moi. Vous n'avez pu remarquer comme je l'ai fait, qu'au moment de notre arrivée en ces lieux, le coffre qui enfermait les richesses d'Élomare et qui était si lourd au départ, qu'aidé d'un homme j'avais eu beaucoup de peine à le monter sur son chariot, en avait été facilement descendu, et transporté par un seul esclave dans la demeure d'Élomare.

—Penses-tu donc, mon père, dit Valla d'une voie altérée, que Bébrix ait dérobé à Élomare les richesses qu'il possède maintenant.

— Le larcin eût été impossible dans notre camp, et d'ailleurs si ces trésors eussent été dérobés à Élomare, elle les eût reconnus dans les mains de Bébrix, si elle avait voulu les reconnaître; elle les eût réclamés, s'il n'eussent pas été un don de sa main.

— Qu'osez-vous dire! s'écria Saron, oubliez-vous jusqu'où peut aller une pareille accusation et à quel supplice il peut conduire la coupable?

— Je le sais, je le sais, dit Ruscin avec impatience, mais je sais aussi qu'un soir, allarmé que j'étais de la désertion de mes guerriers, je veillais durant la nuit et parcourais le camp; je sais qu'arrivé à la tente où Élomare devait reposer, je trouvai cette tente déserte; je sais que lorsqu'elle y rentra elle fut, malgré son audace habituelle, si fort troublée de ma présence, qu'elle ne sut point me demander compte du motif de ma visite et se hâta de me dire celui de sa sortie; je sais que cette femme a le cœur plein de projets ambitieux et sinistres, et tu le saurais comme moi, Saron, si ta force avait répondu à ton courage, et si, au lieu d'être le préféré de Valla, tu avais été méprisé d'elle.

— O Ruscin, que dis-tu! s'écria Saron frappé d'étonnement.

— Et ne vois-tu pas, continua Ruscin, qui s'animait au bruit de sa propre parole comme un coursier au retentissement du grelot qu'il emporte dans sa course, ne vois-tu pas que Vintex ne reparaît pas, que tous les peuples des pays qu'il a visités sont arrivés comme nous; mais que depuis que Vintex a traversé le Rhône on n'a plus de ses nouvelles, et qu'aucune des nations qui habitent de l'autre côté de ce fleuve ne sont venues à l'assemblée générale. C'est que le Rhône a été la limite des voyages et de la vie de Vintex; et le peu de souci que prend Élomare de son absence signifie assez clairement qu'elle était préparée à ne le point revoir.

— Ruscin! Ruscin! s'écria de nouveau Saron, as-tu calculé tout ce que tes paroles supposent de crimes?

— C'est que tu ne sais pas, jeune homme, quelles mauvaises passions brûlent au cœur d'une femme ambitieuse ; tu ne sais pas par quels horribles sentiers elles arrivent à leur but ; tu ne sais pas par quels mensonges on gouverne les hommes.

Valla écoutait son père avec une crainte avide, et une pâleur soudaine descendit sur son visage quand il parla des passions insensées des femmes ambitieuses. Mais ni son père ni son amant ne s'en aperçurent, et Saron répondit à Ruscin.

— Sans doute, je l'ignore, et je suis fier de mon ignorance ; mais dis-moi dans quel but Élomare eût fait tous les crimes dont tu l'accuses avec tant de légèreté. Si Vintex n'est pas mort, et rien ne prouve qu'il ait péri, comment a-telle osé donner à Bébrix les richesses de son époux.

— Et qui t'a dit que ce ne soient pas les siennes propres qu'elle ait données à son nouvel amant.

— A son amant ? dit Valla.

— A son amant, reprit Saron ; mais tu sais mieux que personne quelle loi cruelle punit les adultères.

— Et je sais aussi, s'écria Ruscin, que s'il y a des témoins pour affirmer ce qui n'est pas, il y en a de même pour nier ce qui est.

— Folie! s'écria Saron; si elle est ambitieuse, à quoi lui servira la fortune d'un amant tant que vivra son époux, et si cet époux est mort, à quoi lui servira cette fortune, lorsque la voix publique flétrit la veuve qui prend un nouveau mari.

— Sans doute, mais la voix publique applaudit le choix du souverain quel que soit ce choix; la loi n'est pour ceux qui règnent qu'une chaîne qu'ils tiennent à la main et qui nous aboutit au pied.

— Mais les Druides permettraient-ils un pareil sacrilége?

— La voix des Druides bénira le choix du souverain, s'il tombe sur une prêtresse de leur collége et augmente leur puissance.

— Quoi! Bébrix, s'écria Saron confondu.

— Bébrix, reprit Ruscin, peut monter sur le trône par l'élection des guerriers de la nation, car Ambigat ne laisse point d'enfant. Le plus jeune de ses neveux est mort sur la pierre de Theuth accusé d'impiété par Atax ; Bellovèse et Sigovèse vont s'éloigner à jamais de la patrie emportés par leur fougeux amour de la conquête, et ils entraîneront à leur suite les plus braves guerriers. Maintenant qui t'a dit qu'Ambigat survivra longtemps à leur départ? qui t'a dit que Bébrix, demeuré dans ce pays où il a paru comme le plus riche guerrier de nos contrées, que Bébrix soutenu par les Druides, soutenu par les clients d'Élomare, ne sera pas proclamé chef de la nation des Celtes?

— Lui, dit Saron, lui le pauvre Bébrix, qui dans nos contrées a trouvé à peine quelques guerriers qui consentissent à le suivre; lui Bébrix aurait formé des projets si ambitieux!

— Il ne les a pas formés, Saron, mais ils s'exécutent par lui et pour servir l'ambition d'une femme. Enfant que tu es, élevé dans les habitudes simples de nos montagnes, tu ne comprends rien à ces secrets terribles des actions des hommes; mais moi j'ai pu les étudier et je déjouerai les complots d'Élomare, je te le jure.

Ruscin se tut et Saron demeura accablé de

tout ce qu'il venait d'entendre. Abattu par la preuve de sa faiblesse physique qui ne lui laissait pas l'espoir de reconquérir l'estime des Celtes, dans les luttes et les jeux qui allaient avoir lieu, il se laissait abattre encore plus par la conscience qu'il venait d'acquérir de son impuissance morale. Il admirait la sagacité avec laquelle Ruscin semblait avoir déroulé cette trame de crimes qui lui paraissait inexplicable. Il ne savait pas que le mal porte en soi sa science comme le bien ; que le méchant est propre à deviner aisément le crime, parce qu'il l'a retourné en sa pensée sous toutes ses faces; mais qu'il est inhabile à pressentir les grandes choses vertueuses et justes, et que Ruscin ne l'eût pas plus compris si lui, Saron, lui eût développé les pensées nobles de son âme, qu'il ne comprenait lui-même, Ruscin, quand celui-ci lui étalait les honteux calculs et les criminels projets des méchants.

Un nouveau silence s'était établi dans la tente, et Ruscin le rompit une troisième fois au moment de la quitter.

— Oui, je te le jure, dit-il, je déjouerai

les complots d'Elomare, je te rendrai tes guerriers et je retrouverai les miens, nous serons encore les plus puissants de la nation ; et lorsque ton mariage avec Valla aura resserré notre alliance, nous verrons à qui reviendra un jour la place d'Ambigat.

Ruscin s'éloigna, mais ses dernières paroles excitèrent un mouvement de dépit sur le visage de sa fille. C'est que cet homme, qui avait pénétré si avant dans les plus secrets détours d'une pensée politique, n'avait pas deviné le chemin que venait de prendre la pensée d'une jeune fille. Il ne savait pas que tout ce qu'il avait dit contre Bébrix avait parlé en sa faveur dans l'âme de Valla. La jeune fille s'était dit, que Bébrix, cet homme que la prêtresse Élomare, la plus puissante et la plus belle des femmes du pays de Bourges, avait choisi dans la pauvreté, devait être un homme bien supérieur. En effet, en y pensant bien, n'était-il pas d'une force et d'une valeur qui n'avaient point d'égales ; n'était-il pas beau sous ses magnifiques habits, plus beau que Saron lui-même ? n'était-il pas éloquent, aventureux, digne du commandement qu'il ambitionnait; Valla était forcée de le reconnaître; Valla était obsédée de cette pensée, car il est vrai que l'amour n'est souvent qu'une lutte dans le cœur des femmes. L'affection qu'un dévouement complet, et les plus nobles qualités ne peuvent exciter en elles une rivalité l'y fait naître. Et parce que cela est vrai dans nos siècles civilisés, il ne faut point croire que cela ne fût point vrai dans ces siècles barbares; ce sont, dans d'autres mœurs appliquées à d'autres objets et revêtant d'autres formes, les passions immuables de l'humanité. Si l'expression en était plus rude, c'est que le langage ne s'était pas encore assoupli à tous les détours de la prudence; si elles se produisaient plus ouvertement, c'est que d'autres lois leur permettaient de parler sans crainte.

Ces réflexions expliqueront peut-être l'entretien qui eut lieu entre Valla et Saron, après celui que nous venons de rapporter.

Ils étaient demeurés seuls en face l'un de l'autre. Saron avait attaché ses regards sur

Valla qui détournait les siens. Saron était une de ces créatures qui ne sont point nées pour l'époque où elles vivent. Ames assez intelligentes pour se sentir mal à l'aise dans la barbarie qui les entoure, elles n'ont pas le pouvoir de la dominer. Esprits assez droits pour ne pouvoir admettre comme bon l'état social, qui les méconnaît, tout appuyé qu'il est sur la force physique; ils sont incapables de prévoir qu'un jour la force morale la remplacerait. Hommes véritablement faits pour souffrir, il leur manque aussi la foi des grands caractères, l'estime d'eux-mêmes, l'orgueil de sentir qu'ils valent mieux que tout ce qui les entoure. Mais peut-être Saron avait-il raison de n'avoir pas cet orgueil! peut-être n'y a-t-il que deux sortes d'hommes, nécessaires à l'humanité; ceux qui arrêtés aux idées de leur temps la servent selon ces idées, ou bien ceux qui devançant ces idées ont le pouvoir de traîner leur siècle après eux. Quant aux autres, doués de la pensée, mais sans volonté ou sans puissance pour la mettre en œuvre, ce sont le plus souvent des obstacles qui gênent le monde. Et qui sait si cette indifférence avec laquelle la société écrase en marchant les êtres qui lui sont incompatibles et ne lui sont pas supérieurs, n'est pas une des nécessités de l'accomplissement des destinées humaines?

Nous l'avons dit, Saron était demeuré immobile en face de Valla, qui se taisait ; car Valla était tout le contraire de Saron. Valla était la femme dans ce qu'elle a de plus ordinaire dans tous les siècles, se plaisant aux choses qui sont d'habitude, parce que son esprit manque de la réflexion nécessaire pour comprendre ce qui est nouveau et inusité ; se laissant séduire à ce qui frappe les yeux, car toute femme porte toujours en soi cet instinct femelle qui se plaît à la beauté extérieure et à la force. Si de nos jours ce sentiment perce encore dans les préférences des femmes malgré toutes les barrières que nos idées morales y ont apportées, il est facile de comprendre ce qu'il devait être aux temps où la force et la beauté étaient non-seulement le droit, mais presque la vertu.

Saron subissait le caractère de Valla sans le

comprendre, ou plutôt sans savoir s'en rendre compte. Pendant qu'il la regardait attentivement, il cherchait à deviner les pensées de la jeune fille, et celle-ci, se laissant poursuivre par l'investigation de ce regard, détournait les yeux. Enfin Saron lui dit :

— A quoi penses-tu, Valla?

Valla se troubla d'abord, puis reprenant son assurance, elle répondit à Saron :

— Je pense, Saron, qu'il y a pour un homme une fortune à tenter, aussi grande, aussi vénérée que celle des guerriers.

— Laquelle, Valla?

— Celle de nos druides. La première qualité qui leur soit nécessaire, c'est le savoir et l'éloquence. Ils peuvent ignorer l'usage des armes, et n'avoir pas la force de les porter, sans être pour cela l'objet des railleries de qui que ce soit; et lorsqu'ils savent expliquer le vol des oiseaux, interroger le sort avec la baguette brisée du troène ou par la marche des chevaux sacrés, ils sont souvent placés au-dessus des plus illustres guerriers.

Saron comprit le conseil que lui donnait

Valla, et voulant savoir tout-à-fait sa pensée, il lui répondit en se rapprochant d'elle et en la caressant de l'accent qu'il donna à sa voix.

— Tu as peut-être raison, Valla ; mais tu sais aussi que nulle destinée n'est plus belle que celle de la femme d'un druide, et...

Valla ne lui donna pas le temps de continuer, et lui dit avec l'imprudente vivacité d'une jeune fille dont le cœur est plein d'une seule pensée :

— Oh! je ne veux point de la vie d'une druidesse si puissante et si honorée qu'elle soit; je veux que mon époux soit un guerrier qui puisse me donner les colliers et les chaînes d'or qu'il enlèvera à ses ennemis.

— Et sais-tu comment s'appelle l'homme qui te donnera tout ce que tu désires? dit Saron.

La jeune fille rougit, sans cependant comprendre tout ce que signifiait cette question, et elle répondit en baissant les yeux et en détournant la tête :

— Mon père m'a dit autrefois qu'il s'appelait Saron.

— Sans doute, répliqua celui-ci; mais aujourd'hui il s'appelle Bébrix.

Et il sortit sans attendre la réponse de la jeune fille, qui demeura heureuse de ce que Saron avait fait pour elle l'aveu d'un sentiment qui était dans son cœur et presque sur ses lèvres.

Pendant ce temps Ruscin, persuadé qu'il avait deviné les projets d'Élomare, parcourait les camps et la cité, et se mêlant aux guerriers des diverses nations, il cherchait à les gagner à sa cause et à celle de Saron. D'abord il entra dans le camp des Carnutes, qui étaient les plus incultes des Celtes. En effet leur costume, au lieu de se composer de la braie, de la tunique et de la saie, consistait seulement en ce dernier et seul vêtement qu'ils portaient attaché avec une agrafe de fer, et les plus misérables avec une épine.

Mais s'ils étaient les derniers par la richesse, on pouvait les renommer parmi les premiers pour le courage. Parmi ces braves, on en distinguait encore quelques-uns de plus braves que tous les autres. Ceux-là se faisaient remarquer par leur chevelure et leur barbe qu'ils avaient juré de ne point couper qu'ils n'eussent fait quelque action d'éclat; d'autres plus ambitieux s'étaient rivé à la cheville ou au bras des cercles de fer, comme pour témoigner de l'esclavage qu'ils s'imposaient à eux-mêmes jusqu'à ce qu'une grande victoire les en affranchît.

Partout où Ruscin pénétra, il remarqua la nudité des enfants et l'air sombre et farouche des femmes; mais partout où il se présenta, une place lui fut offerte au festin que les Carnutes prenaient étendus par terre, et qui se composait de viandes rôties et de laitage. Là se discutaient (1) les motifs de l'assemblée générale, la guerre qu'on y voulait décider et l'élection des chefs; là Ruscin trouva dans toutes les bouches le nom de Bébrix, dont la beauté et la magnificence avaient séduit la plupart des guerriers; et là il ne craignit pas de susciter contre lui et contre Élomare la

---

(1) De pace denique et bello, plerum in conviviis consultant.

plupart des soupçons qu'il avait montrés à Saron et à Valla.

On l'écoutait avec surprise ; le complot supposé par Ruscin dépassait de beaucoup l'intelligence de ces esprits incultes. Arriver à un but par des chemins si détournés leur paraissait un rêve, et ils disaient naïvement à Ruscin que, si Bébrix ou Élomare en voulaient à Ambigat ou à Vintex, ils les eussent frappés du glaive ou de la framée.

Ruscin trouva encore moins de créance parmi les Aulerces, dont les idées étaient bornées aux soins de leur conservation personnelle et de la destruction de leurs ennemis; plus ingénieux cependant pour tuer et mourir que pour vivre ; n'ayant aucun art pour leurs vêtements, qui se composaient de peaux d'animaux sauvages, mais déjà habiles à fabriquer des armes terribles, et s'appliquant à se donner un aspect plus terrible encore. Armés de boucliers noirs, le corps peint de sombres couleurs (1), ils choisissaient la nuit pour com-

---

(1) Nigra scuta, tinctà corpora.

battre et mettaient en fuite leurs ennemis autant par leur infernale apparence que par leurs armes.

Ils ne discutaient point les raisons ni les suppositions de Ruscin, et se contentaient de lui répondre : Que la déesse Herte avait été consultée et que les prêtres savaient tous ces secrets mieux que lui, si véritablement ils existaient. L'un d'eux ajouta que la déesse avait été promenée comme de coutume, à travers les villages, sur le char sacré traîné par des génisses, et cachée sous le voile que les prêtres ont seuls le droit de soulever; il rapporta qu'un bruit d'épées était sorti du char, ce qui demandait la guerre; et ajouta que celui qui y mettrait obstacle serait seul regardé comme sacrilége. L'oracle était d'autant plus sûr que trente esclaves avaient été occupés à laver le char dans le lac sacré et à y baigner la déesse, et que tous les trente avaient été noyés dans ce même lac, ainsi que le culte de Herte l'exigeait. C'était le plus grand sacrifice qui eût été offert de mémoire d'homme à cette terrible divinité qu'on ne pouvait voir sans mourir; et sans doute il avait dû lui être assez agréable pour qu'elle eût sincèrement répondu aux questions qui lui avaient été faites.

Ruscin, rebuté de ne pouvoir rien gagner sur l'esprit de ces barbares, car pour les Celtes tectosages, déjà plus avancés dans les arts et par conséquent dans le mensonge, déjà plus tourmentés de besoins et par conséquent d'égoïsme, leurs compatriotes de Chartres et d'Évreux étaient des barbares, comme les Tectosages eux-mêmes l'étaient pour les Romains et les Grecs qui abordaient les côtes de la Méditerranée; Ruscin, disons-nous, se dirigea vers la cité d'Ambigat, espérant que les bruits qu'il voulait y semer trouveraient plus d'écho parmi les sujets de ce roi tout-puissant, dont le pouvoir était devenu trop absolu pour ne pas avoir excité du mécontentement. Mais ceux-ci, qui l'avaient vu arriver à Bourges avec une suite peu nombreuse de chariots et de guerriers, méprisèrent ses paroles. S'ils ne le chassèrent point de leur maison, c'est que les devoirs de l'hospitalité le leur défendaient ; devoirs tellement sacrés que celui qui y manquait envers un étranger était bien plus sévèrement puni que celui qui les négligeait envers un habitant de sa propre nation. Loi pleine d'un sens admirablement humain, et qui augmentait la protection donnée à l'hôte, à mesure qu'il était plus loin de sa famille et de son peuple.

Cependant l'assemblée générale devait avoir lieu le lendemain, et Ruscin prévoyait qu'il lui faudrait subir la honte de voir proclamer Bébrix chef des Tectosages. Son orgueil ne consentait qu'avec désespoir à cet abaissement pour lui et pour l'époux qu'il avait choisi à sa fille. Ne pouvant donc attaquer Bébrix dans les autres, il se résolut à l'attaquer lui-même, et il se rendit vers la maison d'Ambigat, où il savait qu'il trouverait le jeune chef.

Il l'y rencontra en effet, au milieu d'une foule d'autres jeunes gens. Parmi ceux-ci on en remarquait un assez grand nombre qui ne portaient ni le bouclier ni la framée que le Celte ne quitte jamais. C'étaient ceux qui n'avaient pas encore été jugés dignes d'être armés, et dont les pères venaient réclamer pour eux cet honneur. Ce droit de porter les armes était l'ambition de tous, car c'était alors seulement que commençait leur vie comme hommes et comme citoyens. Jusqu'à cette cérémonie ils appartenaient à leur père, qui avait sur eux droit de vie et de mort; mais une fois armés, ils n'étaient plus les enfants de la famille, mais ceux de la république, et ne dépendaient plus que d'elle (1). Mais cet affranchissement n'était pas toujours accordé sur la demande seule du père, ou du plus proche parent quand le père manquait; il fallait que ces jeunes gens eussent prouvé qu'ils étaient dignes de porter les armes qu'on allait leur confier (2).

Au moment où Ruscin arriva, l'heure des épreuves approchait, et il dut remarquer avec colère à quel point était déjà montée la faveur de Bébrix, qui s'entretenait dans un endroit écarté avec Ambigat et ses deux ne-

(1) Ante hoc domus pars videntur, mox reipublicæ.
(2) Sed arma sumere non ante cuiquam moris quam civitas suffecturum probaverit.

veux. La veille, Ruscin avait éprouvé une vive contrariété en voyant les conseils de Bébrix prévaloir sur les siens, à l'assemblée des chefs, où se discutaient les affaires avant d'être portées à la décision de toute la nation (1), et maintenant il le rencontrait presque dans la familiarité du souverain. Véritablement il ne se trompait point, car, par une déférence qui était une grande marque d'honneur en pareille circonstance, Ambigat invita Bébrix à s'asseoir parmi les juges appelés à décider du mérite des jeunes gens qui désiraient prendre rang parmi les guerriers. Cependant Ruscin fut encore plus surpris qu'il n'avait été irrité, lorsqu'ayant remarqué que Bébrix parlait bas à Ambigat en le regardant, celui-ci lui envoya un de ses chefs pour lui offrir le même honneur; Ruscin accepta, et l'accueil que lui fit Bébrix lui prouva qu'il le considérait comme un homme qu'il avait intérêt à ménager. Soit que ce fût l'amour de Bébrix pour Valla qui l'eût poussé à cette déférence, soit que ce fût

---

(1) Ut ea quoque, quorum penes plebem arbitrium est, apud principes pertractentur.

calcul et crainte de la part du jeune chef, qui redoutait Ruscin comme antagoniste, celui-ci sembla prendre cet accueil comme un ressouvenir d'antique amitié, et s'assit près de Bébrix.

Alors commencèrent les épreuves. Elles furent ce qu'elles devaient être chez un peuple où la supériorité physique était la seule qui fût en honneur. Ce n'est pas qu'elle fût la seule qui fût une puissance ; mais une chose remarquable dans l'histoire humaine, c'est qu'à toutes les époques les sociétés ont reconnu tout haut un principe dirigeant auquel elles disent ostensiblement obéir, tandis qu'elles subissent, s'en pouvoir s'en rendre compte, des influences qu'elles ignorent ou du moins qu'elles croient dédaigner. Les actes de courage, la force, la témérité étaient les droits reconnus aux suffrages des Celtes ; ils ne demandaient pas d'autres garanties aux chefs qu'ils choisissaient ; les arts libéraux n'existaient pas pour eux, et cependant ils en subissaient le pouvoir. L'art naturel de la parole, le premier de tous ceux que l'homme emploie instinctivement avant d'en faire un art régulier, n'avait pas de nom pour eux ; ils ne savaient pas ce que c'était que l'éloquence, et le plus souvent ils se laissaient entraîner par l'homme éloquent.

C'est pour cela que, dans les épreuves légales où il s'agissait de faire un homme d'un enfant, ils ne demandaient à celui-ci que des actes de force et de courage, ne soupçonnant pas peut-être qu'il leur arrivait souvent dans les assemblées de se laisser prendre à la captation d'une parole habile et qui plaidait contre la force.

D'abord on remit à chacun des jeunes gens présentés une framée avec laquelle ils devaient atteindre, à une certaine distance, un but marqué; puis un glaive pour abattre d'un seul coup une branche d'arbre d'une grosseur assez considérable. Lorsque ces preuves de vigueur furent données, il s'agit de montrer le courage, et alors commencèrent ces exercices où les jeunes Celtes sautaient à de grandes hauteurs et retombaient au milieu d'épées nues et de framées menaçantes. Quelque difficile que fût cet exercice, il offrait moins de dangers et occasionnait moins d'accidents qu'on pourrait se l'imaginer. L'exercice avait donné de l'adresse à tous ces jeunes gens ; l'adresse leur avait donné la grace.

A voir de nos jours les bateleurs de presque tous les peuples barbares, il semble que la progression humaine a presque partout été la même. Aucun ne se plaît aux jeux où ne se trouve pas mêlée une chance de mort ou du moins de blessure, et même si l'autorité des écrivains anciens n'était là pour attester quels étaient les jeux des Celtes, on croirait aisément qu'on a habillé à plaisir les moeurs incultes de nos ancêtres des coutumes de certains barbares contemporains.

Le nombre des jeunes gens qui se présentèrent fut considérable, et Ruscin put remarquer que les juges se montrèrent moins difficiles que de coutume pour les admissions, soit qu'on voulût augmenter le nombre de ceux qui voulaient courir la chance des conquêtes, soit qu'on voulût remplacer par d'autres cette quantité de guerriers qui allaient quitter la patrie. Dès que tous ces jeunes gens furent reçus ils coururent se ranger autour des chefs qu'ils avaient choisis, et Bébrix put remarquer que si un certain nombre s'associèrent ainsi à la fortune de Bellovèse et de Sigovèse, un plus grand nombre encore courut se placer à côté d'un enfant. C'était le dernier rejeton d'une famille illustre; et sans doute les idées de valeur héréditaire sont naturelles à l'homme, car déjà elles dominaient ces peuples rudes et forts, et donnaient des soldats à un enfant incapable de les conduire (1). Aucun d'eux cependant ne chercha un chef étranger à sa nation, aucun ne vint se mêler aux guerriers de Bébrix, aucun à ceux du prince des Aulerces, qui se trouvait également présent.

Puis lorsque les jeux furent terminés presque tous ces hommes si vigoureux et qui semblaient avoir tant de force à dépenser encore, s'étendirent par terre comme vaincus par la lassitude. C'est qu'il n'est pas dans l'instinct naturel de l'homme d'agir pour agir; aucun peuple sauvage n'a jamais compris ce que nous appelons la promenade. Les Celtes chas-

(1) Magna patrum merita, principis dignationem etiam adolescentulis adsignant,

saient pour le gibier, couraient pour atteindre un but, combattaient pour piller, mais dès que la récompense n'était plus au bout de l'effort, l'effort cessait. Nous l'avons déjà dit, ils aimaient la paresse et détestaient le repos (1). En cela ils obéissaient à la fois au besoin de conquérir pour se faire une meilleure position, et à la haine de tout travail inutile.

La plupart se firent apporter leur repas qui fut servi par leurs enfants; car les esclaves ne s'occupaient jamais des soins domestiques. Ils payaient à leur maître une certaine portion du blé ou des fruits qu'ils récoltaient dans son champ, mais l'esclavage à la personne n'entrait point dans les idées de cette nation où la dignité de l'homme était une chose si sacrée.

D'autres se livrèrent aux jeux de hasard, et c'est à ce moment que Ruscin espéra se venger de Bébrix. Il savait avec quelle fureur les jeunes gens jetaient tout ce qu'ils possé-

---

(1) Quum iidem homines sic ament inertiam et oderint quietem.

daient aux chances de la fortune, et connaissait assez Bébrix pour espérer de lui enlever par le jeu, les trésors qui l'avaient fait si puissant. Il comptait reprendre ainsi sur ses compatriotes, l'empire que le jeune chef lui avait ravi. Mais le sort loin de servir les projets de Ruscin, sembla s'acharner contre lui, et bientôt il arriva au vieillard ce qui arrive à tous ceux qui abordent cette lutte terrible avec le hasard. Après avoir cru qu'il dominerait le jeu, le jeu le domina. Il avait jeté un appât à la passion de Bébrix et ce fut la sienne propre qui fut prise à cette amorce. Quelques ornements précieux perdus coup sur coup dépitèrent Ruscin; alors il entra dans cette fatale voie où l'on ne joue plus pour gagner, mais pour ressaisir sa perte. Afin de ravoir ces ornements perdus, il en joua de plus riches qu'il perdit encore; l'or remplaça l'argent quand l'argent fut épuisé; Ruscin voulut racheter son or en jouant ses armes, racheter ses armes en jouant ses chevaux; puis ses chevaux par son char; enfin dépouillé de tout, il s'offrit lui-même comme dernier enjeu de cette terrible partie. (1) Mais au moment où il faisait cette proposition à Bébrix, celui-ci se leva et lui dit :

— Je ne puis accepter aujourd'hui une pareille chance, car bientôt je dois avoir avec toi un entretien qui ne peut avoir lieu avec un esclave.

Ruscin voulut insister, mais Bébrix demeura inébranlable, et la journée étant avancée chacun rentra dans son camp. Ruscin seul ne reprit point le chemin du sien. Il se dirigea du côté du camp de Saron, qu'il n'avait pas vu depuis la matinée. Il ne trouva point Saron et apprit du petit nombre de guerriers qui lui étaient restés fidèles qu'on l'avait vu se rendre vers le bois-sacré. Ruscin, à qui la colère et le désespoir ne permettaient ni l'attente ni le repos, alla du côté qui lui avait été indiqué, espérant y rencontrer Saron. Celui-ci en effet était la dernière espérance de Ruscin. S'il ne pouvait lui rendre les guerriers qui avaient passé dans le camp de Bébrix, il pouvait du moins le secourir après les pertes

(1) Extremo ac novissimo jactu de libertate et de corpore contendant.

qu'il avait éprouvées. Mais Ruscin erra vainement aux environs du bois sacré, il n'y trouva personne : la forêt était muette comme une tombe. C'était le lendemain que devaient sortir de son sein les oracles chargés de décider de la fortune des Celtes, et il semblait qu'elle se recueillît en sa vaste enceinte, comme un pythonisse avant l'inspiration.

Déjà la nuit était avancée, et Ruscin se prépara à rentrer sous sa tente. Alors seulement il commença à penser à sa fille, qui sans doute avait appris sa ruine, et qui l'avait attendu vainement, et, se laissant aller à cette propension facile à tout homme accablé de ses propres torts, il se prit à accuser Valla. Il trouva qu'elle était la première cause du malheur qui lui arrivait ; il maudit en lui-même cet amour sans frein des femmes pour la magnificence des parures et la richesse des habits; il s'irrita d'avoir écouté la préférence de Valla pour Saron, lorsqu'à vrai dire c'était lui-même qui l'avait excitée; et c'est dans de pareilles dispositions qu'il allait retrouver sa fille lorsqu'il aperçut à une certaine distance de lui, deux ombres qui sortaient de la forêt; l'une parfaitement distincte à cause de la blancheur de ses vêtements, l'autre presque confondue avec l'ombre, sans doute à cause de la couleur foncée des siens. La première était une femme, car elles seules portaient ces longues robes de lin qui resplendissaient dans la nuit; la seconde devait être un guerrier. Ruscin remarqua avec surprise qu'elles se dirigeaient vers le sentier où il se trouvait, et qui menait directement à son propre camp.

Lorsque ces deux personnes passèrent devant lui, Ruscin, qui s'était caché, reconnut Elomare à sa taille qui était aussi élevée que celle d'un homme; et Bébrix à sa voix. Celui-ci disait à la nièce d'Ambigat.

—Ainsi, Élomare, mon amour ne te semble point insensé; tu me promets qu'il sera heureux et que j'en recevrai bientôt le prix?

Ces paroles furent prononcées par Bébrix au moment où il passait devant le buisson où s'était réfugié Ruscin. Elles étaient comme sorties d'un murmure qui s'approchait, et dans lequel Ruscin d'abord ne distingua rien, et les paroles suivantes se perdirent dans le même murmure qui s'effaça et se perdit bientôt dans la distance. Toutefois, bien que Ruscin n'eût saisi distinctement que le peu de mots que nous venons de rapporter, il avait remarqué que c'était toujours la même voix qui avait parlé; et si la taille d'Élomare ne l'avait certainement fait reconnaître par Ruscin, il eût douté que ce fût à elle qu'étaient adressées ces amoureuses prières, tant elle avait gardé de hauteur et de fierté dans sa contenance pendant qu'elle marchait à côté de Bébrix.

Cependant, c'en était assez pour confirmer les soupçons de Ruscin sur l'intelligence qu'il supposait exister entre Élomare et le beau chef des Tectosages. Il les suivait donc des yeux, tout en faisant marcher sur leurs traces un dessein de les accuser, qui grandissait lumineux et terrible, dans l'esprit de Ruscin, à mesure que la forme d'Élomare et de Bébrix s'éloignait dans l'ombre. Toutefois, Ruscin éprouva un vif étonnement, lorsqu'au moment de perdre de vue ceux qu'il supposait ses ennemis, il vit Bébrix revenir vers son camp, et Élomare se diriger du côté où lui-même avait assis le sien.

Ne pouvant imaginer quel projet pouvait conduire Élomare sous sa tente, il supposa qu'elle allait lui arracher par la séduction et les présents, les derniers guerriers qui étaient restés attachés à sa fortune, et il se préparait à la rejoindre et à la surprendre dans cette trahison, lorsqu'un nouveau bruit sorti de la forêt attira son attention. D'ailleurs Ruscin pensa qu'il était arrivé à ce point de ruine où les séductions d'Élomare n'étaient déjà plus nécessaires pour lui enlever ses soldats, et que sa seule misère suffirait à les éloigner tous de lui.

Pendant qu'il faisait ces réflexions, le bruit qu'il avait entendu devint plus distinct et plus tumultueux. Bientôt Ruscin reconnut qu'il provenait d'une certaine quantité d'hommes qui sortaient de la forêt; les uns conduisaient des chevaux qui n'avaient ni selle ni frein, et des bœufs également libres du joug; les autres portaient sur la tête de vastes paniers tressés de jonc, où l'on entendait se débattre des animaux vivants. Aux croassements qui s'échappèrent de l'une de ces cages Ruscin reconnut que c'étaient des corbeaux qu'on y avait enfermés.

La précaution avec laquelle ces hommes paraissaient marcher, attestait leur crainte d'être découverts. Bien qu'ils fussent nombreux, on n'entendait le murmure d'aucune voix, et à quelque distance de la forêt, à un endroit où la route se divisait, ce groupe se divisa de même et une part se dirigea vers le nord de la forêt, l'autre vers l'est.

Toutes ces marches nocturnes confirmèrent Ruscin dans ses soupçons; il fut convaincu qu'il s'organisait quelque complot, et comme il avait été la première victime de l'alliance qu'il croyait exister entre Bébrix et Élomare, il supposa encore que ces hommes, qu'il voyait sortir de la forêt sacrée, allaient préparer de nouveaux piéges contre lui. Il se décida donc à les suivre dans l'ombre et choisit celui des deux groupes qui passait le plus près de son camp.

Quelque discrète que fût la marche de tous ces hommes, elle couvrait facilement de son bruit celle de Ruscin, et il put constamment se tenir assez près d'eux pour les entendre s'ils eussent laissé échapper une parole. Mais un silence absolu régna durant leur longue marche. Enfin ils atteignirent un bouquet d'arbres séparé de la forêt, mais peut-être encore plus épais que le bois sacré, plus défendu par les hautes fougères et les ronces qui croissaient à ses pieds.

Le silencieux cortége y pénétra, et là Ruscin fut témoin de choses qu'il ne s'attendait guère à voir, et dont il ne comprit pas le but, quelle que fût la ruse habituelle de son esprit. A peine tous ces hommes qui portaient la longue tunique des Druides furent-ils au centre de ce bouquet de bois et dans un espace dégagé d'arbres et de ronces, que l'un d'eux leva une lourde massue, et en frappa le bœuf et le cheval qu'ils avaient amenés. Un coup d'un large couteau acheva de tuer ces deux animaux et presque aussitôt les corbeaux furent extraits de leur cage. Ces oiseaux, poussés par la faim qu'on avait sans doute excitée en les privant de nourriture, s'élancèrent avec fureur sur les deux animaux et les entamèrent de leurs becs de fer, malgré la présence des Druides.

Ceux-ci les considérèrent un moment, puis dans le même silence et sans qu'aucun geste trahît la pensée qui les avait fait agir, ils reprirent la route de la forêt sacrée. Ruscin les suivit encore, ne s'expliquant ce qu'il avait vu que comme une consultation mystérieuse, par laquelle les Druides voulaient s'assurer d'avance des résultats, soit de l'assemblée du lendemain, soit de la guerre qu'on y voulait décider.

Les deux troupes qui étaient sorties de la forêt sacrée y rentrèrent presque en même temps, et Ruscin put remarquer que l'un de ceux qui faisaient partie de celle qu'il n'avait pu suivre se détacha de ses compagnons et se dirigea vers le camp de Saron. Ruscin crut un moment que c'était Saron lui-même et voulut l'aborder; mais voyant le jour teindre déjà d'un rouge pâle, les vapeurs de l'horizon, il regagna son camp. Il le trouva encore un peu plus abandonné que la veille et comprit que le bruit de sa ruine, lui avait enlevé le reste de ses guerriers. Il entra sous sa tente la rage dans le cœur. En revoyant ses chevaux, ses armes, ses trésors qui ne lui appartenaient plus, tout ce qu'il portait en lui de sinistres desseins s'exalta encore. Tout ce qui, jusque là, n'avait été pour Ruscin lui-même, qu'une conséqence habilement tirée des faits apparents, prit alors une sorte de réalité dans son esprit. Le besoin de croire à ce qu'il avait supposé, mena Ruscin à ne pas douter de ses suppositions. Une dernière circonstance, qui peut être l'eût éclairé dans toute autre disposition d'esprit, le décida tout-à-fait à se servir des moyens extrêmes qu'il considérait comme étant sa dernière chance de salut. Ruscin, demeuré seul dans sa tente, y vit bientôt entrer Valla. La jeune fille avait sur son visage un air de bonheur qui parut une injure à Ruscin. Il lui demanda ce qui la rendait si joyeuse, et avant qu'elle eût le temps de répondre, se laissant emporter aux sentiments amers qui lui remplissaient le cœur, il s'écria :

— Est-ce parce que je suis ruiné, est-ce parce qu'il faudra m'en retourner dans notre contrée comme un mendiant et en vivant de l'hospitalité de mes compatriotes, que tu es si joyeuse? Ah voilà bien ce que sont les hommes et ce que sont nos propres enfants. Il y a quelques jours si tu m'avais vu triste, Valla, tu ne m'aurais point approché l'œil joyeux et le sourire sur les lèvres; tu aurais essayé de connaître les motifs de ma douleur et tu aurais voulu me consoler. Mais aujourd'hui tout est bien changé ; on croit pouvoir rire du père qui n'a plus ni armes ni trésors. Mais on se trompe; l'infâme qui m'a dépouillé ne m'a pas tout ravi, il n'a pas su me gagner ma liberté, l'imprudent ; j'ai encore le droit d'assister à l'assemblée générale de la nation, et il m'y verra ainsi que son indigne complice.

— Mais, mon père, dit Valla, vous vous trompez et je puis vous assurer...

Ruscin interrompit violemment sa fille, qui l'avait interrompu, et répondit :

— Il ne m'a pas non plus enlevé mes droits de père, entends-tu, Valla? Je ne suis point esclave, et quelque chose m'appartient encore en ce monde. C'est le droit de disposer de ta vie.

La fureur avec laquelle Ruscin prononça ces dernières paroles, fit trembler Valla. Elle comprit que nulle remontrance ne pouvait être faite en ce moment, et que la nouvelle la plus favorable serait tournée à mal par ce désespoir poussé jusqu'à la déraison.

IV.

L'heure de l'assemblée générale était arrivée et bientôt on vit les Celtes, quittant les uns la cité, les autres leurs camps, se rendre dans la plaine où elle devait avoir lieu. Ruscin accompagné de Valla et de quelques guerriers qui n'avaient pas voulu l'abandonner, s'y rendit de son côté. Mais ce n'était plus le vieillard fier et majestueux qui était parti du pays des Tectosages avec une troupe resplendissante d'armes et de chars; ce n'était plus le chef couvert de vêtements magnifiques que les populations avaient salué du titre de roi, c'était à peine un de ces guerriers qui ne prennent personne à leur solde, mais qui se mettent à celle de quelque chef illustre.

Pour comble de rage, il vit passer devant lui Bébrix entouré d'une suite qui le mettait presqu'à côté des deux neveux d'Ambigat; la splendeur de sa marche ressemblait à celle d'un souverain, et Ruscin s'arrêta pour le laisser passer, afin de s'abreuver pour ainsi dire de son malheur et s'assurer dans la résolution qu'il avait prise. Cependant, lorsque Bébrix fut devant le vieillard, il le salua avec une déférence que celui-ci prit pour une dérision. Tout devient amertume pour les cœurs aigris, et le regard que Bébrix jeta sur Valla sembla sitôt au vieillard un affront tel, qu'il en eût tiré une vengeance éclatante, s'il n'avait compté davantage sur celle qu'il méditait. Toutefois il reporta vivement son attention sur Valla; car la manière dont Bébrix l'avait regardée semblait trahir une sorte d'intelligence entre eux, ou du moins emporter en soi l'assurance qu'il avait d'être compris.

Si, lorsque Ruscin examina sa fille, il eût trouvé dans ses yeux le moindre signe équivoque, peut-être l'eût-il punie sur-le-champ, car il avait ajouté à tous les soupçons qu'il regardait comme certains, le vague soupçon que sa fille le trompait. Mais Valla tenait les yeux baissés et semblait ne pas avoir vu Bébrix. La rougeur qui couvrait son visage pouvait venir de l'indignation aussi bien que du trouble de la conscience, et Ruscin ne sut que penser.

Il continua donc à marcher vers le lieu de l'assemblée et y arriva presqu'en même temps que Saron, également suivi d'un petit nombre de guerriers. Ruscin remarqua la pâleur et la préoccupation du jeune chef. Mais autant cette préoccupation semblait anxieuse et agitée dans le maintien du vieillard, autant elle paraissait calme et résignée dans l'attitude du jeune homme ; d'un côté, il y avait toutes les angoisses d'une résolution non exécutée, dont le but était mauvais et les motifs bas et méprisables ; de l'autre, on voyait toute la sérénité d'une action faite dans un but noble et pour des motifs dignes d'être applaudis. Cependant Saron paraissait embarrassé vis-à-vis de Ruscin, c'est que ce jeune homme au cœur pur, comprenait qu'il ne serait pas compris; il ne l'eût peut-être pas été par les esprits les plus noblement doués de cette nation, car la force de vaincre ses passions était regardée comme l'impuissance de vaincre ses ennemis; il l'eût été encore moins par Ruscin, qui se préparait à sacrifier, sur des apparences frivoles, tout ce qu'il croyait lui être ennemi, afin de ressaisir la fortune qui lui était échappée.

L'embarras de Saron parut une nouvelle trahison à Ruscin. Cette prévention du malheur qui croit voir partout l'abandon, appartient aux esprits corrompus aussi bien qu'aux cœurs généreux; seulement les méchants l'éprouvent en raison du retour qu'ils font sur eux-mêmes, et les bons par l'exagération seule du mal qu'ils souffrent. En effet, la bonté n'est le plus souvent, en ce monde, que la résignation à souffrir.

Ruscin n'était pas de ceux qui se résignent,

et sa colère prit un nouvel aliment dans les réponses vaines que lui fit Saron, lorsqu'il lui demanda l'emploi de son temps, et ce qu'il comptait dire et faire dans l'assemblée.

Cependant le roi et les chefs des diverses nations avaient pris place sur un monticule qui dominait la plaine; les druides, chargés avec eux de maintenir l'ordre dans l'assemblée, étaient à leurs côtés, et un certain nombre de femmes, parmi lesquelles on remarquait Elomare, accompagnaient ces princes des Celtes.

Ce fut Ambigat qui le premier, adressant la parole à la multitude assemblée, lui exposa que le repos dans lequel vivait la nation des Celtes lui avait été reproché, non-seulement par les plus intrépides et les plus sages d'entre eux, mais encore par le dieu qu'ils adoraient. Il raconta les étranges apparitions de guerriers qui avaient eu lieu dans la forêt, les prodiges qui s'y étaient opérés, les bruits d'armes qui en étaient sortis. A ces signes il n'avait pu méconnaître la volonté du Ciel qui était d'envoyer les Celtes à de nouvelles conquêtes, et c'était pour obéir à cette volonté qu'il avait convoqué cette assemblée. Cependant, avant de rien décider, il fallait que les avis auxquels il avait cédé fussent approuvés par la nation; il fallait de même que les présages qu'il avait remarqués fussent confirmés par des augures certains. En conséquence, on allait délibérer sur la guerre qu'il proposait, et Theutatès serait solennellement interrogé sur l'issue probable de cette guerre.

Des murmures flatteurs accueillirent le discours d'Ambigat; et Bellovèse et Sigovèse, plus jeunes et plus hardis, ayant parlé dans le sens de la guerre, furent applaudis par les framées que la multitude éleva et choqua en l'air en signe d'approbation.

La guerre était pour les Celtes une occupation si habituelle, que pour eux la paix était l'exception de leur vie. De nos jours on excuse la guerre en disant qu'elle conduit à la paix; Ambigat excusa la paix qu'il avait maintenue, comme étant un moyen de mieux se préparer à la guerre. On semblait donc sur le point de décider, sans opposition, que la guerre serait entreprise, lorsque Ruscin se leva et demanda à parler.

— On vous propose la guerre, s'écria-t-il, mais contre qui et dans quel but? Avez-vous des injures à venger? Y a-t-il autour de nous un peuple qui soit venu vous insulter ou vous piller? Non! personne ne l'a dit, et personne n'aurait pu le dire, car cela n'est pas vrai. Vous irez donc au hasard, comme un taureau furieux, attaquer tout ce qui se présentera sur votre passage? D'ailleurs quel fruit espérez-vous tirer de cette guerre? Est-ce une meilleure condition que vous voulez? la trouverez-vous dans des climats plus rigoureux? Sont-ce des habitations plus riches et plus vastes? enrichissez et agrandissez les vôtres; vous faut-il des moissons plus fécondes? cultivez vos champs. Où vont vous conduire ceux qui se proposent pour vos chefs? ils ne le savent pas eux-mêmes et ne vous l'ont pas dit. En sommes-nous venus à ce point que la fougue irréfléchie de quelques jeunes gens amoureux du bruit des combats, décide des destinées d'une nation? l'expérience des vieux guerriers et la sagesse des hommes qui ont assez vu du passé pour comprendre l'avenir, ne sont-elles plus que des objets de risée pour les Celtes, que je n'aie pas vu une seule tête blanche se lever parmi nous tous pour repousser ce projet? ou bien serais-je forcé de croire qu'il y a des motifs cachés qui poussent les chefs à vous entraîner dans cette entreprise?

A ces mots, les sourds murmures qui accompagnaient le discours de Ruscin, grondèrent avec plus de force; un mouvement d'inquiétude se manifesta parmi les chefs, et Bébrix s'avançant impétueusement, s'écria :

— Est-ce à la nation des Celtes qu'on tient un pareil langage? comment se fait-il qu'un chef qui, dans sa jeunesse, a conquis une bonne réputation de guerrier, ose venir proposer à des guerriers la condition et les travaux que nous laissons à nos esclaves? Qu'ils arrosent la terre de leurs sueurs et lui arrachent de pénibles récoltes; c'est leur destinée; la moisson des hommes libres se fait sur le champ de bataille et avec l'épée; que nos ennemis sèment, nous récolterons; qu'ils bâtissent des demeures, nous les habiterons; qu'ils polissent l'or, nous nous en parerons après les en avoir dépouillés; notre labeur à nous, c'est la guerre, notre récompense la renommée, notre richesse le butin.

Ces paroles de Bébrix furent applaudies par le choc des armes, ce qui était le témoignage le plus flatteur qui fût donné dans une assemblée.

— Ah! s'écria violemment Ruscin, si tu n'avais pas d'autres richesses que celles que donne le butin, Bébrix, tu ne tiendrais pas ici la place que tu occupes, tu n'y parlerais pas si insolemment. Et qu'as-tu besoin de la guerre pour acquérir des richesses, toi qui, parti pauvre de nos contrées, es arrivé riche en ces lieux, après un voyage de quelques lunes? Tu sais mieux qu'un autre que la guerre est inutile pour avoir des trésors; mais tu penses qu'elle est nécessaire pour éloigner ceux qui pourraient déjouer les desseins pour lesquels ont t'a si richement payé.

— Ruscin, repliqua Bébrix, je ne réponds pas aux injures d'un vieillard irrité par sa ruine.

— Ma ruine, reprit Ruscin, ma ruine n'est point ce qui me fait parler ainsi et ce n'est pas non plus elle qui t'a enrichi : mais dis-nous d'où te vient l'or qui couvre tes armes et tes vêtements, celui que tu as distribué à tes guerriers? dis-le ; car je t'accuse de larcin, je t'accuse d'adultère avec une femme dont...

Avant que Ruscin pût continuer, Atax, le grand druide se leva, et, interrompant Ruscin, il dit d'une voix paisible et imposante :

— Ce n'est pas le moment où l'on doit porter les accusations devant l'assemblée générale de la nation; ce moment viendra, et alors, Ruscin, tu pourras parler librement; mais il s'agit à présent de décider de la guerre qui vous est proposée. La voulez-vous, peuple, la demandez-vous?

Tous les guerriers agitèrent leurs armes en signe d'assentiment, et la guerre fut décidée. Pour ces peuples qui se nourrissaient du pays où ils portaient leur conquête, une résolution si solennelle se prenait avec rapidité. Rien qu'eux-mêmes ne leur était nécessaire pour le combat; ils traînaient à leur suite leurs femmes et leurs enfants, et toute terre où vivaient des bêtes sauvages et où croissaient quelques fruits, suffisait à les nourrir.

Quand on eut fini de cette grave décision, le moment vint de consulter Theutatès sur le succès de cette guerre. Alors parut un char attelé de chevaux blancs nourris par la main des prêtres dans la forêt sacrée. Ils furent livrés à eux-mêmes, et les druides les entourèrent dans un profond silence ; la même attention régna dans toute l'assemblée. D'abord les coursiers demeurèrent tranquilles ne sentant pas la gêne des traits auxquels ils n'étaient pas accoutumés ; mais au premier mouvement qu'ils voulurent faire, le lien qui les retenait les irrita ; et bientôt ils bondirent avec fureur. au lieu d'avancer, comme cela devait être cependant pour fournir un augure favorable à la guerre, ils se prirent à reculer. Les druides et les chefs pâlirent : et Ruscin s'écria :

— Les dieux prononcent ; la guerre sera malheureuse ; elle sera malheureuse, car elle est injuste.

Cette exclamation de Ruscin tourna les

regards de la multitude de son côté, et lui-même, voulant répondre au long murmure qu'il avait excité, quitta de l'œil un moment les chevaux sacrés. Ce moment suffit à faire entendre un appel bien connu à ces chevaux et à les frapper d'un coup de fouet qui les poussa en avant. La même gêne qui les avait fait reculer d'abord, les poussa avec fureur une fois qu'ils furent lancés dans leur course, et le char traversa la multitude au milieu des acclamations les plus bruyantes.

La seconde épreuve, qui consistait à couper une branche de bouleau en trois parties égales, à les lancer en l'air et à lire l'avenir dans la manière dont elles retombaient à terre, fut également favorable à la guerre; mais malgré la religion des Celtes et leur foi en leurs prêtres, ils savaient trop que l'adresse de celui qui lançait ces morceaux de bois disposait de l'oracle à son gré, pour y avoir une grande foi. Aussi demanda-t-on l'épreuve des oiseaux sacrés. Non-seulement elle était décisive dans la croyance de ces peuples, mais encore la direction que prendraient ces oiseaux devait indiquer le côté où il fallait que la guerre fût portée.

Pour satisfaire à ce vœu du peuple, on apporta la vaste cage où ces oiseaux étaient élevés. C'étaient des corbeaux les uns au plumage noir et au bec jaune, les autres mêlés de gris et au bec noir. S'ils regagnaient la forêt, c'était un avertissement que la guerre ne serait pas heureuse ; si, au contraire, ils s'éloignaient à tire d'aile, cela voulait dire qu'il fallait partir. C'étaient comme des messagers de mort qui allaient reconnaître le lieu où on leur préparerait bientôt leur festin.

La cage fut ouverte, et ces oiseaux, longtemps accoutumés à l'esclavage, ne comprirent pas comment on leur offrait la liberté ; ils voltigèrent un moment devant l'issue ; mais dès que l'un d'eux s'y fut posé et fut sorti, tous les autres le suivirent et bientôt ils s'élancèrent à une grande hauteur. Une fois dans les airs ils y tourbillonnèrent longtemps en poussant de grands cris, et tinrent l'attention de la foule suspendue aux caprices bizarres de leur vol. Enfin tout à coup ils semblèrent se réunir en un seul faisceau, puis, se séparant en deux groupes, ils s'élancèrent les uns du côté du nord, les autres du côté du sud-est. Ruscin, comme les autres, les suivit longtemps des yeux ; mais au moment où il les perdit de vue, et qu'il ramena ses regards sur la terre, il remarqua qu'ils volaient droit dans la direction où il avait vu, dans la nuit, tuer les chevaux dont les dépouilles sanglantes appelaient sans doute l'instinct carnassier de ces corbeaux. Comme ces réflexions se présentaient à lui, Atax s'écria :

— Voilà la route que doivent prendre nos guerriers ; le ciel lui-même la leur indique.

— Sans doute, reprit Ruscin avec un accent de dérision qui épouvanta les plus hardis, c'est le ciel, et avec le ciel, les animaux sanglants dont vous avez fait jeter les cadavres vers ces deux points de l'horizon.

Tant d'audace et de persévérance fit cependant quelque impression sur la multitude. Les druides parurent troublés ; Atax ne le fut toutefois que par la colère. Prêtre, blanchi dans les luttes avec le pouvoir et la résistance populaire, il savait bien que la découverte même d'une supercherie ne dépouillerait pas facilement les druides de la foi qu'ils inspiraient; l'habitude de croire est aussi forte au cœur de l'homme que l'habitude d'aimer. On ne se sépare pas d'un vieil ami au premier tort qu'on lui reconnaît; on ne trahit point une religion à la première jonglerie qu'on y découvre; en outre, il entre, dans cette ténacité de l'homme aux croyances primitives, un fonds de paresse difficile à vaincre; c'est un travail pour le cœur de ne plus aimer, et pour l'esprit de ne plus croire, et il n'y a guère que les natures dévorées d'activité qui se plaisent à ces changements.

Atax savait tout cela; mais son orgueil ne s'irritait pas moins de l'audace d'un homme qui osait dénoncer, en face de la nation, les ruses des cérémonies religieuses. Cependant il eut recours à cette tactique de tous les hommes accusés et qui sont revêtus d'une puissance assez respectable pour qu'on n'ose pas paraître les soupçonner en face; Atax se leva, et jetant sur la foule interdite et indécise un regard menaçant, il fit retentir ces paroles d'une voix tonnante :

— Que ceux qui doutent du ciel aillent l'interroger aux endroits que cet homme a désignés, ils y trouveront une terrible réponse... qu'ils y aillent.

Nul ne quitta l'assemblée, et des milliers de voix applaudirent Atax, et appelèrent Ruscin impie et sacrilége. Alors celui-ci, qui avait compté élever une accusation contre Bébrix et Élomare, sur des suppositions peut-être justes, mais auxquelles nul fait ne venait en preuve, commença à comprendre qu'il avait engagé une lutte où il devait nécessairement succomber, puisqu'il ne se trouvait pas dans l'assemblée un seul homme qui osât aller vérifier l'exactitude de ce qu'il venait de dire. Il eût voulu retenir les imprudentes paroles qu'il avait prononcées; il cherchait dans les regards de ceux qui l'entouraient le sort qu'on lui réservait, et ne rencontra que des yeux irrités. Bébrix seul semblait le considérer avec pitié, et Élomare avec un dépit qui n'était point celui d'une femme accusée, mais celui d'une personne dont on a dérangé les calculs.

Bientôt cependant la dernière épreuve, l'épreuve décisive, fut demandée à grands cris, ce fut le combat d'un guerrier celte contre un soldat de la nation qu'on voulait attaquer.

A cette demande, l'espoir rentra dans l'âme de Ruscin, car la paix qui durait depuis longtemps n'avait laissé aucun prisonnier au pouvoir des Celtes; et comme on ignorait encore sur quelle contrée on devait précipiter la multitude armée qui demandait la guerre, il eût été difficile de désigner un prisonnier, même lorsque la cité en eût possédé quelques-uns. Ruscin était dévoré du désir de jeter cet embarras à l'assemblée; mais il sut se contenir, prévoyant bien qu'il allait surgir malgré son silence. En effet, comme les cris de la foule devenaient de plus en plus pressants, et demandaient le combat avec persévérance, Bellovèse s'avança et dit :

Que la nation des Celtes était si puissante, que nulle autre n'avait, depuis longues années, osé l'attaquer, et que lorsqu'elle voulait des ennemis, il fallait qu'elle allât les chercher chez eux, mais qu'elle n'en nourrissait pas dans son sein.

Ces paroles, si flatteuses qu'elles fussent, ne satisfirent point l'assemblée, et des murmures accueillirent cette explication, quoiqu'elle fût donnée par un des hommes que la nation désignait comme l'un des plus braves et des plus dignes de la commander; Atax, comprenant le mauvais effet de la circonstance où l'on se trouvait, et des paroles de Bellovèse, se leva tout aussitôt, et s'écria d'une voix inspirée :

— Bellovèse se trompe quand il dit que la cité ne nourrit point d'ennemis dans son sein; en est-il un plus grand de la gloire et de la religion des Celtes, que l'homme qui, à la fois, accuse l'un de ses chefs les plus renommés et la sainteté de la religion? Quel guerrier d'une nation ennemie aurait tenté de nous détourner de la guerre avec plus d'acharnement que lui? Quel autre, s'il était vaincu dans un combat, manifesterait plus précisément la volonté céleste? Qu'il combatte donc, cet ennemi, qu'il combatte pour la nation qu'il a voulu préserver de notre colère, qu'il combatte contre la gloire qu'il a voulu ravir à ses compatriotes.

Les acclamations les plus unanimes et les plus spontanées accueillirent ces paroles d'Atax; les armes se choquèrent avec un bruissement terrible, et ce fracas d'airain se mêlant aux hurlements de la foule, il en résulta un mugissement immense, pareil à celui de l'océan quand, poussé par la tempête, il se heurte aux rochers de la côte et brise ses vagues qui semblent jeter au ciel de terribles lamentations, et à la terre d'épouvantables menaces.

Il est à remarquer combien les grandes assemblées se laissent facilement prendre aux subtilités de l'esprit, lorsqu'elles tirent audacieusement d'embarras un homme qu'on croyait acculé dans une position désespérée. Ainsi, cette proposition d'Atax, contraire à toutes les coutumes, qu'on eût peut-être repoussée avec mépris en toute autre circonstance, fut-elle considérée comme une inspiration céleste, et des milliers de voix demandèrent le combat immédiat, et avec un tel acharnement, qu'il fut impossible de le refuser. Cependant, à l'exception d'Atax et de ses druides, tous les autres chefs de l'armée parurent grandement alarmés de cette proposition; Élomare surtout, maîtresse d'elle-même jusqu'à ce moment, ne put dissimuler son angoisse, et Bébrix laissa percer un vif mécontentement. Mais tous ces sentiments devinrent encore plus poignants au cœur de ceux qui les éprouvaient, lorsque l'assemblée ayant demandé quel guerrier devait combattre contre Ruscin, Atax ajouta :

— C'est à celui qui a le mieux parlé en faveur de l'entreprise, à vaincre par les armes, celui qu'il a déjà vaincu par la parole ; que Bébrix continue sa victoire, elle lui servira de réponse aux accusations portées contre lui.

Bébrix parut consterné ; et Ruscin, près duquel Valla s'était élancée, s'écriait vainement :

— Oui, oui, c'est juste, peuple, qu'on fasse égorger par un jeune homme le vieillard qui peut dévoiler les intrigues de vos prêtres et de vos chefs.

Mais les hurlements de la foule couvraient

sa voix, et lui-même n'entendait pas sa fille qui lui criait :

— Oh non! mon père, c'est impossible, vous ne combattrez pas Bébrix; vous ne pouvez périr de sa main ni lui de la vôtre; c'est un combat impie et sacrilége : s'il faut une victime, ce n'est point à la nation de la fournir.

Le tumulte augmentait et les guerriers, voyant l'hésitation de Ruscin, lui jetaient le nom de lâche et de traître ; quelques-uns demandaient qu'il fût puni comme tel, et criaient :

— Au bourbier! au bourbier!

La rage de son impuissance s'emparant alors de Ruscin, il tira son épée et s'écria d'une voix qui, à ce moment, se fit entendre au-dessus des mugissements de la foule :

— Tu m'as gagné mes armes, Bébrix, je vais te les donner de manière à ce que tu ne les perdes jamais. Je te les enfoncerai si avant dans la poitrine qu'aucune main ne les en retirera.

Et, se dégageant violemment des bras de sa

fille, il s'élança dans l'espace vide que la foule fit autour de lui.

Cependant Bébrix était demeuré immobile et hésitait sur le parti qu'il devait prendre, lorsque Élomare, passant à son côté, lui dit rapidement :

—Combats, Bébrix, sois prudent et ne cherche que la victoire et non la mort de ton ennemi.

Bébrix, poussé par ces paroles, par les cris et les regards du peuple qui l'appelaient de toutes parts, marcha à son tour vers cette enceinte faite d'hommes armés et se présenta au combat. Ruscin, que la colère dominait, lui lança sa framée, qui vint se planter si profondément dans le bouclier de Bébrix, que l'on comprit tout de suite que, malgré son âge, le vieillard était un adversaire redoutable, et que la victoire du jeune chef ne serait pas facile si la victoire même lui était assurée. Le silence d'une attention fortement captivée succéda tout à coup au murmure qui avait continué encore; et lorsque Bébrix, lançant sa framée avec faiblesse contre Ruscin, celui-ci l'arrêta au vol et la renvoya avec une vigueur nouvelle à son ennemi, tous les esprits devinrent incertains, et déjà quelques vœux en faveur du vieillard entrèrent dans le cœur de ces guerriers, qui admiraient tout ce qui attestait la force et le courage. Cette framée alla frapper encore une fois le bouclier de Bébrix, qui demeura immobile. Ruscin, toujours emporté par la colère, se précipita alors impétueusement sur son jeune adversaire ; mais celui-ci, avec une souplesse et une légèreté inouïes, évitait les coups acharnés du vieillard, qui frappait avec une continuité et un désespoir qui semblaient tenir du délire, et qui croissaient à chaque fois que l'épée de Ruscin, levée en l'air et prête à retomber sur la tête de Bébrix, descendait comme l'éclair et s'abattait dans le vide.

Les guerriers avaient trop d'habitude des combats pour ne pas comprendre que Bébrix cherchait à fatiguer la fureur de son ennemi ; mais cette manière de vaincre ne convenait pas à leur impétuosité, et d'ailleurs les coups de Ruscin se suivaient avec une telle rapidité qu'il était douteux que, malgré son adresse,

Bébrix pût les éviter toujours. Le combat qui changeait à chaque instant de théâtre, traînait à sa suite la foule qui resserrait ou élargissait son cercle pour faire place aux deux adversaires. Ambigat, Atax, les autres chefs de la nation, les druides attentifs et silencieux étaient aux premiers rangs; et en avant d'eux tous, deux femmes, Valla, qui à chaque mouvement le répétait instinctivement, éperdue et tremblante qu'elle était, et Élomare, qui la retenait par la main, l'œil fixé sur les combattants, le sourcil froncé et semblant attendre le moindre événement pour en tirer avantage.

Enfin le combat se prolongeant sans que rien ne se décidât, des mumures s'élevèrent de tous côtés; le nom de Bébrix fut insulté. Il l'entendit, et le soin de sa réputation l'emportant sur les motifs secrets qui l'avaient porté à de si longs ménagements, il s'élança d'un bond sur Ruscin, le renversa du choc de son bouclier, lui arracha son épée et leva la sienne pour en frapper son ennemi couché. Mais à ce moment, une main aussi forte et plus rapide que celle de Bébrix l'arrêta soudainement ; c'était celle d'Élomare. Cette action frappa la multitude d'étonnement. Élomare était vénérée parmi les druidesses, comme celle en qui l'esprit divin que les Celtes croyaient habiter le corps des femmes, était le plus fécond en prodiges et en révélations sacrées. Élomare le savait, et profitant de la stupéfaction générale, avant qu'aucun murmure pût la prévenir ou l'interrompre, elle s'écria d'une voix inspirée :

— Les dieux ont parlé par ce combat et par cette victoire; ils ont parlé en m'inspirant de suspendre l'épée du guerrier au moment où elle allait frapper l'ennemi vaincu. Non, cette guerre où vous marchez ne sera point une guerre d'extermination où les populations détruites s'effaceront devant vous ; ce sera une guerre de princes qui feront non-seulement la conquête des terres, mais aussi celle des peuples, et ces peuples vivront sous votre domination, esclaves par votre victoire, et couchés à vos pieds comme ce vieillard aux pieds de son vainqueur. Vous porterez la race des Celtes dans les contrées les plus éloignées, et les filles des vaincus la perpétueront à votre gré, car elles se donneront à vous comme la fille de ce vaincu se donnera à l'illustre chef qui vient de vous assurer la victoire. Partez donc, allez, c'est la volonté du ciel; personne ici, ni Bébrix, ni le vieillard, ni moi, n'avons été autre chose que les instruments aveugles de la puissance divine, qui a voulu se manifester, et dans les obstacles que vous trouverez, et dans la manière de les vaincre, et dans le but qu'il vous est donné d'atteindre. Allez, et que les harpes chantent le bardit de guerre.

Et tout aussitôt les bardes, entraînés par ce mouvement hardi, par l'autorité des paroles d'Elomare, par l'inspiration resplendissante qui illuminait son visage, firent résonner leurs harpes, et entonnèrent un chant pressé, rapide, dont le mouvement remua plus profondément encore cette multitude déjà émue et flottante, exalta cette émotion et la changea bientôt en un délire de joie et de confiance, contre laquelle toute opposition serait venue se briser.

Cependant on pouvait remarquer, à l'air mécontent d'Atax, que ce n'était point là ce qu'il avait espéré; et lorsque l'agitation de la foule se fut calmée, il s'avança à son tour, et dit d'un ton sévère à Ruscin :

— Oui, c'est le ciel qui a inspiré Élomare en te sauvant la vie, car il te reste deux grands devoirs à accomplir. Le premier est de soutenir l'accusation que tu as portée contre Bébrix; le second de répondre à celle que nous portons contre toi, comme impie et sacrilége.

Malgré son autorité, ces paroles d'Atax furent mal accueillies; la multitude se trouvait satisfaite dans ses désirs; l'issue inattendue de ce combat lui plaisait, par l'espérance qu'elle offrait à tous ces guerriers de trouver à l'étranger une place et un rang qu'ils ne pouvaient espérer dans la patrie. Le courage de Ruscin même lui avait ramené beaucoup de guerriers, et une voix unanime renvoya au lendemain la décision de ces deux affaires. Les guerriers qui depuis le matin assistaient à l'assemblée se dispersèrent pour se rendre dans leurs camps et y prendre leur repas ; et jusqu'à la nuit close on entendit résonner de tous côtés les chants des bardes, les cris de joie du peuple, et le mouvement des armes qu'on préparait.

V.

Si la surprise de tous les guerriers avait été grande en voyant où avaient abouti les bruits que Ruscin avait essayé de répandre contre Élomare et Bébrix, l'étonnement de Ruscin ne peut guère s'exprimer. Ainsi, pendant que les druides, se séparant ostensiblement des chefs, rentraient dans le bois sacré sans vouloir assister au conseil qui devait se tenir dans la demeure d'Ambigat, Ruscin, accompagné de Valla, regagna sa tente sans pouvoir s'expliquer le but de tout ce qui s'était passé. Son salut lui venant par la main d'Elomare, cette prédiction du mariage de Bébrix avec sa fille, tout cela renversait complétement ses idées sur la connivence qu'il croyait exister entre elle et Bébrix. Il espéra que Saron pourrait lui donner quelques explications; mais Saron était absent, et on l'avait vu se diriger, accompagné de deux druides, vers le bois sacré.

Cependant la joie de Valla perçait malgré ses efforts sur son gracieux visage. Ruscin finit par le remarquer, et après l'avoir considérée un moment, il lui dit :

— Valla, tu m'as trompé.

— Non, répondit-elle avec assurance : lorsque j'ai voulu vous parler, vous n'avez pas voulu m'entendre, vous m'avez repoussée avec colère, et en me menaçant. Cependant j'aurais bravé cette colère, si j'avais pu prévoir vos projets dans l'assemblée générale. Je savais que Bébrix devait vous demander ma main; je savais qu'Elomare devait le seconder dans sa demande.

— Qui te l'a dit?

— Elle-même, qui était venue vous trouver dans votre camp, cette nuit, mais qui, ne vous y ayant pas rencontré, est venue à moi, et m'a appris aussi que Saron était admis parmi les jeunes gens qui se destinent au culte du dieu Theutatès.

— C'est donc de toi que parlait Bébrix, dit Ruscin en ramenant à lui ses souvenirs de la veille, lorsqu'il disait à Elomare que son amour serait heureux; c'était donc véritablement Saron que j'ai cru reconnaître parmi les druides qui ont conduit loin d'ici, et égorgé dans un bois, ces animaux destinés à faire parler le ciel. Cependant tout cela n'en reste pas moins pour moi un mystère inexplicable.

— Le mystère est bien facile à deviner, reprit étourdiment la jeune fille, c'est que Bébrix m'aime.

— Il t'aime, replique Ruscin, averti par l'accent de sa fille, il t'aime, et toi?

— Moi?

— Oui, toi...

La jeune fille demeura assez embarrassée, puis, sans répondre à la question de son père, elle dit :

— Bébrix n'a point l'intention de vous prendre tout ce qu'il vous a gagné.

— Et tout ce qu'il m'a ravi? reprit Ruscin.

— Il veut vous le rendre.

— Comment ?

— Oh c'est bien facile, c'est...

— Jeune fille, dit une voix grave de femme, tu avais juré de ne rien dire...

C'était Élomare qui entrait à ce moment sous la tente de Ruscin. Cette femme active et patiente, prête à tout faire pour la réussite de ce qu'elle avait entrepris, lien secret entre le pouvoir religieux et le pouvoir du roi, aimait à se glisser dans l'ombre et à apparaître soudainement devant ceux à qui elle voulait imposer sa volonté. Cette manière d'agir pour elle-même elle l'appliquait à ses projets. Elle se plaisait à les conduire secrètement dans les ténèbres, n'en montrant à chacun que ce qui convenait au rôle qu'elle voulait lui faire jouer ; jusqu'au moment où tout ce qui devait concourir à son succès se trouvant arrivé au point prévu par elle, tout éclatait par le contact seul des choses et des hommes mis en mouvement. Alors elle s'admirait dans l'événement sans paraître y prendre part; elle regardait son œuvre de loin, se tenant même à l'écart des résultats, comme le mineur qui, après avoir fouillé la terre et l'avoir remplie de poudre et de projectiles, contemple de loin son œuvre au moment de l'explosion.

Lorsque Élomare fut entrée elle fit un signe impératif à Valla de s'éloigner; celle-ci obéit, et Ruscin demeura seul avec la prêtresse.

Le rusé vieillard se sentit en présence d'un caractère qui le dominait; mais il dissimula adroitement son embarras et soutint le regard inquisiteur d'Élomare.

— Ruscin, lui dit-elle, quels sont tes projets pour demain ?

— Quels projets peut-on former dans ma position? répondit Ruscin ; c'est aux événements qui surviendront d'ici là, à me dicter ma conduite ; ou plutôt je dois laisser à la volonté qui a mené toutes les choses jusqu'à ce moment, le soin de m'indiquer le chemin que je dois prendre.

— Sans doute, Ruscin, dit Élomare, tu voudrais que je te donnasse un conseil afin de bâtir de nouveaux calculs sur ce que tu apprendrais ainsi : je te connais, et si tu as été le jouet de tout ce qui t'entourait tu le dois à toi-même. Toujours empressé d'élever des obstacles à l'encontre des desseins des autres, t'imaginant que tout ce qui n'est pas conçu par toi est contraire à ta fortune, et, le plus souvent t'appliquant mieux à détruire celle des autres qu'à élever la tienne. Cependant il faudra venir demain soutenir l'accusasion que tu as portée et répondre à celles qu'on élève contre toi.

— Quant à la première, dit Ruscin, elle n'a pas besoin de plus de paroles que je n'en ai prononcé. Il faudra que Bébrix explique comment il possède ces richesses qu'il étale; toi-même qui l'as connu pauvre, doutes-tu qu'elles ne lui viennent du larcin ?

— Tu ne veux donc plus dire qu'elles lui viennent de l'adultère, dit Élomare, et peut-être de l'assassinat, car tu sais mieux que personne, mieux que moi-même, que mon époux Vintex est mort?

Ruscin se troubla à ces paroles, et Elomare continua.

— Tu le sais si bien que tu l'as dit à tous les guerriers qui ont voulu écouter tes paroles.

Ruscin, alarmé de l'assurance d'Élomare, quoiqu'il ne fût pas grandement surpris que les bruits qu'il avait semés dans tous les camps fussent arrivés jusqu'à elle, Ruscin lui répondit avec humeur:

— Quel autre ne s'y serait trompé à ma place? Quel autre eût interprété autrement tes visites nocturnes dans les camps de Bébrix, et les étranges paroles qu'il t'adressait la nuit dernière lorsque....

Ruscin s'arrêta en s'apercevant de son imprudence, et Élomare continua.

— Lorsque tu nous suivais à la trace, n'est-ce pas? Je comprends maintenant pourquoi je ne t'ai pas trouvé dans ton camp, lorsque j'y suis venue, je devine aussi comment tu as appris le secret par lequel nous dirigeons le vol des oiseaux sacrés. Sais-tu, Ruscin, que tu as commis un sacrilége qui est puni de mort?

— Je le sais.

— Et comment espères-tu te sauver?

— Est-il nécessaire à tes projets que je me sauve? dit Ruscin d'un air qui semblait vouloir pénétrer la pensée de la druidesse.

— Non, repliqua froidement celle-ci; cela m'importe peu. Tu m'as été un obstacle, mais je n'ai pas voulu te briser parce que j'avais reçu l'hospitalité dans ta maison. Mais ton accusation me dégage de ma reconnaissance. Fais donc ce qui te plaira....

A ces mots Élomare voulut sortir; Ruscin fit un mouvement et lui dit :

— Élomare, est-ce pour cela que tu es venue me voir, et n'as-tu rien à me dire?

— Je ne suis venue rien te dire, je suis venue t'interroger; je suis venue te demander ce que tu comptais faire; tu ne m'as point répondu. Je n'ai plus rien à faire ici.

La prêtresse fit encore un pas pour s'éloigner, et Ruscin, emporté alors par les angoisses qui l'agitaient, dépouillant soudainement les ruses par lesquelles il espérait surprendre les secrets d'Elomare pour en profiter, montra en un mot, tout ce qu'il avait d'anxiété et d'incertitude en lui-même.

— Mais que veux-tu que je fasse? lui dit-il d'un ton désespéré.

Elomare le regarda avec un sourire de vanité satisfaite.

— Je veux que tu fasses ce que tu avais projeté ; que tu accuses Bébrix et moi-même, comme tu l'avais résolu.

— Que je t'accuse ? répondit Ruscin avec stupéfaction, croyant toujours apercevoir un piége dans les conseils qu'on lui donnait.

— Penses-tu que je ne puisse pas me défendre ?

Ruscin ne répondit pas, puis il reprit avec quelque embarras :

— Mais moi, comment me défendrai-je ?

— Il me semblait, répliqua Elomare, qu'un esprit aussi rusé que le tien ne devait pas éprouver un pareil embarras, et qu'il aurait facilement pu voir que des deux chefs qui sont venus avec Bébrix du pays des Tectosages, tu n'étais pas celui qu'on voulait sacrifier.

— En effet, Saron..... s'écria Ruscin.

Iomare était sortie, elle avait suffisamment indiqué à Ruscin le seul moyen de salut qui lui restât, mais elle ne voulait pas se laisser montrer qu'elle avait été comprise. Il n'y a guère que chez les scélérats les plus éhontés que le crime ou la trahison se discutent avec franchise; ceux qui, comme Élomare, ne font le mal que par nécessité, et dans un but qui compense à leurs yeux la cruauté des moyens, gardent encore cette pudeur des mauvaises actions qui leur en dérobe l'odieux : c'est l'âme qui se voile avant de tomber; comme la femme qui se cache le visage en s'abandonnant.

Nous n'entrerons pas dans les détails de la nouvelle assemblée qui eut lieu; nous dirons seulement par quels moyens Bébrix repoussa l'accusation portée contre lui. Il avoua véritablement qu'il était parti pauvre de sa contrée, mais qu'il avait été enrichi par les dons d'Ambigat, et Ambigat déclara qu'en les prodiguant à un guerrier qui les méritait si justement il n'avait fait que rendre justice au chef qui avait amené à l'assemblée tant de soldats empressés de le suivre sur la seule réputation de sa haute valeur. Chacun était disposé en faveur de Bébrix, et on ne s'informa point si ce n'étaient pas les trésors qui avaient donné les soldats à Bébrix, plutôt que les soldats qui lui avaient mérité ces trésors. Leur origine semblait d'ailleurs justifier leur emploi; ils provenaient, la plupart, des hommages faits à Ambigat, et remis à Vintex, par les princes qui n'avaient pas voulu participer à la guerre; et il semblait juste que la crainte qui demeurait oisive dans ses foyers payât le courage entreprenant qui allait courir le risque des combats. Il restait encore à expliquer l'absence de Vintex. Le bruit de sa disparition et de sa mort s'était assez répandu pour que la tranquillité d'Elomare ne parût pas tout au moins surprenante. La présence de Vintex, qui parut à l'assemblée près de son épouse, fit taire les soupçons du peuple, et éveilla ceux des druides, qui comprenaient que cette absence avait été arrangée, et qui n'en devinaient pas le but.

Enfin, Ruscin prouva à Élomare qu'il l'avait complétement devinée; car, lorsqu'il fut interrogé sur l'audacieuse accusation qu'il avait osé porter contre les druides, il s'avoua coupable de les avoir soupçonnés; mais il déclara avec force que jamais un pareil soupçon ne se serait présenté à lui, si quelqu'un ne le lui avait suggéré, et si le premier dénonciateur n'avait été un homme dont la parole avait pu facilement le tromper, puisqu'il prétendait avoir participé à la fraude des druides. Ruscin, pressé de nommer le coupable, s'en défendit long-temps; puis enfin, feignant de céder avec désespoir, il laissa échapper le nom de Saron. Ruscin put voir combien le mensonge que lui avait indiqué Élomare était habilement préparé, car Atax, jetant un regard sur les prêtres qui l'entouraient, sembla leur dire que lui-même avait soupçonné ce jeune homme. Ruscin pensait que cette justification serait suffisante; elle le fut en effet pour lui sauver la vie, mais pas assez pour qu'on ne lui imposât pas des conditions. Celle qu'il fut obligé d'accepter consista à conduire à la guerre, et sous les ordres de Bébrix, les guerriers qui ne l'avaient point quitté, et Ruscin s'estima trop heureux de sortir à ce prix des embarras qu'il s'était lui-même suscités.

Lorsque toutes ces affaires furent finies, il s'agit de fixer le jour du départ. On choisit le surlendemain comme étant le jour de la lune, et par conséquent le plus heureux; et l'assemblée générale se sépara.

Dans le courant de la journée on vit sortir du camp de Bébrix une longue file de chariots portant des armes; en tête marchait Astrucion, la harpe en main, accompagné de bardes qui s'étaient attachés à la fortune de Bébrix. Ce cortége se rendit tout aussitôt vers le camp de Ruscin. Arrivé à l'entrée de ce camp, il fut arrêté par les guerriers qui s'y trouvaient, et Astrucion répondit à leurs questions qu'il venait au nom de Bébrix offrir à Ruscin la dot moyennant laquelle il désirait obtenir Valla comme épouse. Pendant ce temps, un cortége à peu près pareil, moins riche cependant et moins nombreux, était parti du camp de Ruscin pour celui de Bébrix, et portait à ce dernier toutes les richesses qu'il avait gagnées au vieux guerrier. C'est un fait assez remarquable que les idées de compensation, qui nous semblent si claires dans l'exécution de nos contrats actuels, ne sont arrivées que tardivement dans l'esprit de nos populations. Le plus souvent on trouve dans les transactions des temps reculés, soit qu'il s'agisse de terres, soit qu'il s'agisse d'argent, que chacun payait ou livrait ce qu'il devait, sans qu'on s'occupât de balancer une dette par une autre. Ce fut surtout dans la cession des terres que cette habitude est plus remarquable. Elle amena même des confusions telles dans la propriété, ou le droit de gouvernement, qu'elle est une des principales causes de l'obscurité de nos premiers temps historiques.

Ainsi, un homme prenait possession par traité, de terres très-éloignées des siennes, et en cédait d'autres qui lui confinaient, sans songer que la compensation eût été meilleure pour les contractants. Ce fut pour cette raison que Bébrix reçut de Ruscin tout ce qui lui était dû, et lui renvoya de nouvelles richesses pour la dot de Valla. Selon l'usage, elles furent examinées par le père de la jeune fille, la qualité et la valeur en furent longuement discutées ; puis enfin, lorsqu'elles furent introduites dans le camp, et par conséquent acceptées, le mariage se trouva conclu, et Bébrix se présenta à son tour, et fut reçu comme l'époux de Valla.

Si ce récit était fait pour rechercher les sentiments souvent si incohérents qui pénètrent et conduisent le cœur humain, il y aurait à montrer à cet endroit la singulière entrevue de cette jeune fille qui avait méprisé Bébrix et qui le reçut avec joie, et de ce jeune homme qui ne s'inquiétait pas de la disparition de son rival et du souvenir qu'il avait laissé dans le cœur de sa jeune femme. Mais il faut le dire, ce qui aujourd'hui nous paraîtrait extraordinaire ne le devait pas être à cette époque. Cet amour de l'âme à l'âme, qui ne tient point de compte des raisons de la préférence, n'existait pas dans ces peuples, si près des premiers besoins matériels. Valla n'avait point aimé Bébrix; parce que Bébrix était pauvre, grossièrement vêtu et n'exerçait aucune autorité. Mais lorsque toutes ces causes de préférence s'effacèrent de Saron pour se montrer dans Bébrix, l'amour les suivit, parce que c'étaient elles qui avaient créé l'amour. La moralisation de l'homme par le christianisme et les arts, et nous entendons moralisation dans ce sens que les arts et le christianisme ont fait prédominer le moral humain sur l'intérêt physique; cette moralisation a créé à l'homme des besoins d'intelligence et de sympathie qui lient les cœurs par des rapports tout nouveaux. Ces rapports sont souvent si intimes aux individualités qu'ils réunissent, qu'ils nous paraissent inexplicables, mais ils n'en ont pas moins remplacé les intérêts du bien-être matériel qui dominaient autrefois.

Il n'y eut donc aucune espèce d'embarras entre cette jeune fille et ce jeune homme. Il en fut d'eux, mais pour d'autres raisons, comme il en fut plus tard de ces femmes à qui l'orgueil de leur naissance ne permettait pas de comprendre ou de sentir un amour roturier, et qui reconnaissaient par hasard que l'homme qu'elles dédaignaient sortait d'une illustre famille. Tout aussitôt ce nouveau jour éclairait à leurs yeux les qualités jusque-là inaperçues, et elles aimaient sans effort celui qu'elles repoussaient avant, car elles donnaient leur amour à un droit d'être aimé; et ce droit avait été acquis.

Cependant, depuis l'assemblée générale, les druides semblaient moins ardents qu'ils ne l'avaient été d'abord à presser le départ des guerriers. Tout en connaissant les raisons d'Ambigat pour se débarrasser de cette exubérance de population qui devenait menaçante, ils ne se rendaient pas bien compte des motifs qui lui avaient fait combler Bébrix de tant de faveurs; et, la veille du jour où le départ devait avoir lieu, la forêt sacrée avait retenti de sinistres présages qui avaient épouvanté la nation.

Les druides, comme tous ceux qui ont eu à exercer une autorité basée sur des croyances en des choses surnaturelles, se mêlaient rarement parmi les autres hommes. La sociabilité est un si grand besoin pour l'espèce humaine que la vie solitaire lui semble toujours le résultat d'un grand courage ou d'une grande vertu. Il est facile de comprendre comment l'ignorance divinise bientôt cette vertu qu'elle admire. Cependant les druides n'avaient pas paru depuis deux jours; le peuple s'en étonnait; Ambigat et les chefs en étaient alarmés. Une nouvelle visite nocturne d'Ambigat à Atax fit cesser les craintes des druides. Pour ne pas répéter ce qu'il dut lui dire pour arriver à ce but, nous ne le rapporterons que dans l'entretien qui finit ce récit, et dans lequel Ambigat raconta lui-même tout ce qu'il avait dit à Atax de ses desseins, et tout ce qu'il lui en avait caché.

Le jour du départ étant arrivé, la forêt sacrée, dont la solitude et les bruits sinistres semblaient glacer les courages les plus intrépides, sembla tout à coup s'éveiller joyeuse et retentissante.

On y entendait les harpes des bardes; et les vacères, le front ceint du gui qui avait été cueilli quelques mois avant, avec les solennités

d'usage, parcouraient la forêt en tous sens en
annonçant qu'un sacrifice sanglant serait fait
au dieu Theutatès pour le rendre favorable à
l'entreprise, et qu'un homme serait immolé
sur son autel. Cette nouvelle répandit une
grande joie parmi les Celtes. Le soir venu, et
sous la conduite de leurs chefs, il pénétrèrent
en silence dans la forêt sacrée et se rangèrent
autour de l'immense autel qui allait être arrosé de sang. On ignorait quelle devait être la
victime et nul ne s'en informait : Bébrix, Ruscin et Valla, placés près d'Ambigat et d'Elomare, étaient l'objet de la curiosité au milieu
de l'attente.

Enfin, lorsque la nuit fut tout-à-fait close,
la forêt s'éclaira de torches nombreuses, et on
vit sortir une longue file de prêtres de la partie
la plus secrète de la forêt : les bardes marchaient les premiers en chantant des hymnes
pieux ; ensuite venaient les saronides, qui
étaient les juges ordinaires de la nation, dans
les différends qui n'étaient point portés à l'assemblée générale; puis les vacères, au maintien
recueilli, et parmi lesquels Atax se trouvait,

et qui étaient les prêtres particuliers du dieu Theutatès ; enfin venaient les vates ou sacrificateurs, au milieu desquels était le prisonnier qui allait être immolé.

A la lueur des flambeaux, qui dans cette forêt jetaient sur les hommes autant d'ombre que de lumière, on distinguait mal le visage de la victime. Elle marchait d'ailleurs la tête baissée quoique sa démarche ne manquât pas de fermeté. C'est à peine si Valla, Ruscin et Bébrix, tous enivrés de leur bonheur, eussent pris garde à la victime si, au moment où elle passa devant eux, elle ne s'était arrêtée et n'eût relevé la tête en les regardant avec une triste fierté. Valla ne put retenir un mouvement de terreur, et Ruscin détourna la tête. Bébrix seul soutint avec hardiesse le regard de Saron. C'était Saron, en effet, qui venait payer de son sang la justification de Ruscin, malheureux qui devait être nécessairement brisé, faible et confiant qu'il était, au milieu de cette lutte d'hommes forts et astucieux. Saron s'arrêta un moment, et dit à Ruscin :

— Je te salue, toi que j'ai dû appeler mon

père; tu n'es pas ici à ta place, c'est sur l'autel de Theutatès et à côté du dieu que tu devrais être, car c'est pour toi, et non pour lui, que mon sang va couler.

Puis il ajouta :

— Valla, s'il te naît de Bébrix des enfants qui n'aient pas un cœur d'acier dans un corps de fer, étouffe-les dans leur berceau ; car ils rencontreraient plus tard quelque Valla qui les regarderait mourir en souriant; et je te jure que c'est un supplice qu'il faut leur épargner si tu es bonne mère après avoir été si noble fiancée.

Après ces paroles il se baissa, et ramassant une poignée de sable, il la jeta sur Bébrix, en lui criant :

— Quant à toi, je te voue au malheur et à la mort.

Mais Bébrix avait levé son large bouclier, et le sable frappa sur le fer sans toucher l'homme.

— Et voici, répondit paisiblement Bébrix, où arrivera tout malheur et toute malédiction; ils tomberont sans force à mes pieds.

Cette circonstance frappa singulièrement les assistants ; et chacun se dit :

— C'est un homme marqué du ciel pour accomplir de grandes choses et triompher de tous ses ennemis.

La marche continua, et l'on arriva à la statue colossale devant laquelle le sacrifice devait être accompli. Il le fut bientôt en effet par les vates, qui frappèrent d'abord Saron du couteau sacré, et qui après lui ouvrirent les entrailles pour que les vacères, penchés sur son corps palpitant, pussent y lire les destinées de la nation. Dans ce livre sanglant, où leurs yeux se plongeaient avidement, il n'y avait d'autre renseignement à puiser que celui que les prêtres y voulaient lire ; et cependant, soit qu'ils poussassent jusqu'à ce point les fraudes par lesquelles ils trompaient le peuple, soit que l'étude fanatisée de ces prêtres leur eût fait croire à une science où les tressaillements d'un mourant avaient un sens non douteux, leur attente fut longue, et l'entretien qu'ils eurent entre eux semblait les préoccuper étrangement.

Enfin ces présages extrêmes puisés dans la mort, ces augures de sang, qui étaient ceux qui plaisaient surtout à ce peuple de sang, furent déclarés favorables, et une nouvelle cérémonie succéda à celle-là. Elle consistait dans l'engagement solennel que prenaient les Celtes, sur l'autel du dieu Theutatès, de ne point abandonner en pays étranger la loi de leurs pères, pour suivre des lois nouvelles. Parmi ces serments, celui qui était accompagné des conditions les plus expresses, c'était de ne point abandonner le corps des guerriers morts sur le champ de bataille, et de les brûler avec leurs armes, leurs chevaux et leurs plus fidèles esclaves.

Qu'il nous soit permis de faire à ce propos une remarque qui eût pu trouver sa place en bien d'autres circonstances. C'est la similitude des croyances de ces peuples de l'extrémité occidentale de l'Europe avec celles de plusieurs nations de l'Asie mineure et de l'Inde ; ainsi l'usage de combattre sur des chariots, celui de brûler les corps et de faire accompagner les morts des objets nécessaires à la vie et des serviteurs qu'ils avaient préférés. Nous espérons que la suite de cette histoire montrera combien ces peuples barbares ont importé d'idées nouvelles et d'usages dans des pays très-éloignés du leur, lorsque dans l'opinion commune ils paraissent avoir reçu le principe de toute existence des populations qui les ont envahis.

Quand la cérémonie dont nous venons de parler fut achevée, chaque nation se retira sous la conduite de ses chefs; et le lendemain cette immense multitude, se divisant en deux parts, quitta le pays de Bourges. Les uns se dirigèrent vers le Rhin, les autres vers les Alpes; Bebrix suivit les premiers. Quelques jours après ce pays occupé par une armée de plusieurs centaines de mille hommes, rentra dans son repos, et pour ainsi dire dans son silence.

Ce fut à ce moment, quand le calme fut revenu dans la cité, qu'Ambigat, assis entre Elomare et Vintex, leur raconta son entrevue avec Atax.

— Oui, disait-il, je lui ai appris de la vérité, ce qu'il devait en savoir, et je ne pense pas qu'on puisse m'accuser de mensonge pour n'avoir pas tout dit : je lui ai raconté comment vous m'aviez informé tous deux que Ruscin et Saron étaient venus à l'assemblée générale avec le projet de s'opposer à la guerre, et combien ce dissentiment eût pu être contraire à nos projets si j'avais laissé à ces deux chefs leur puissance sur les soldats qui les suivaient. Je lui ai fait comprendre comment, en donnant le pouvoir à un homme pour qui la guerre était la seule espérance de sortir de son obscurité, nous nous assurions que les Tectosages ne mettraient point d'obstacles à nos projets.

— Et ces raisons ont suffi ? dit Elomare.

— Je ne sais si elles ont suffi à le persuader complètement, mais il a paru s'en contenter pour presser le départ de l'armée. Maintenant c'est à nous à prévenir les druides dans des espérances cachées qu'ils peuvent avoir conservées. Eh bien, Vintex, tu as donc réussi ?

Vintex se pencha vers ses deux auditeurs, et baissant la voix, plutôt par cette habitude de mystère qui accompagne toute confidence que par la crainte d'être entendu, il répondit :

J'ai pénétré dans cette ville des Phocéens, située aux bords de la mer ; j'ai dit à ses magistrats comment nous comptions débarrasser tout le pays qui les entoure de cette population menaçante qui semblait toujours prête à les envahir. Je leur ai expliqué alors comment, après avoir éloigné les chefs qui dirigeaient les volontés de ces populations, il me serait facile de m'en rendre maître et de prendre une place qu'aucun rival ne pouvait plus me disputer.

— Et que t'ont-ils promis, dit Ambigat, pour la permission que tu leur accorderas d'introduire dans ces états les marchandises dont ils font un si vaste commerce ?

Vintex énuméra alors les concessions énormes par lesquelles les Phocéens achetaient d'Ambigat le droit de commercer avec son peuple, dont la haine pour tout ce qui était étranger les avait toujours renfermés dans l'enceinte de leur ville. Ces concessions se rapportaient toutes à Ambigat et à Vintex ; elles consistaient en sommes d'argent qui devaient leur être payées annuellement, et en présents de toutes sortes. Lorsque Vintex eut fini cette énumération, à laquelle il semblait se complaire, ainsi qu'Ambigat, Elomare l'interpella vivement.

— Mais as-tu vu leurs prêtres et leurs temples? lui dit-elle; as-tu été témoin de la pompe de leurs fêtes et de leurs sacrifices?

— Sans doute, répliqua Vintex, et je ne doute pas que les Tectosages, amoureux qu'ils sont des nouveautés, ne préfèrent bientôt ces dieux indulgents et faciles au dieu terrible dont nos prêtres les épouvantent sans cesse.

L'entretien se poursuivit encore long-temps sur ces deux sujets, et il se termina par ces mots d'Ambigat :

— J'ai donc atteint le but que je m'étais proposé depuis de longues années: j'aurai le premier ouvert la Celtique aux peuples qui peuvent l'arracher à la barbarie sauvage de ses mœurs; j'ai frappé du premier coup la puissance de ces druides qui gardaient pour eux seuls la science et le pouvoir qu'elle donne, et qui retenaient nos populations dans l'ignorance. Ni moi ni vous sans doute ne verrons la fin de la lutte qui va s'engager; mais nous aurons du moins la gloire de l'avoir commencée, et peut-être que mon nom et le vôtre ne périront pas tout-à-fait ignorés des hommes et ne resterons pas enfermés dans nos régions incultes, et parmi nos peuples barbares.

LES GAULOIS.

SIGOR.

I.

Sur le penchant d'une verte colline dont le pied se cachait sous les flots dorés de l'Arriège, s'étendait un riche verger. Les allées en étaient tracées avec soin; les arbres, émondés de leurs branches parasites, étaient couverts de fruits autrefois inconnus en ces contrées; et, parmi le feuillage vert et luisant des pommiers et des poiriers, la vigne suspendait ses grappes déjà mûres. Un beau soleil d'automne, on était aux premiers jours de septembre, illuminait de ses rayons jaunes cette riche végétation et faisait saillir, sur le fond varié de cette verdure, une blanche maison ornée d'un portique et couverte de tuiles, dont l'émail rouge resplendissait comme une armure.

L'heure la plus brûlante du jour était passée, et déjà les ombres des arbres et de la maison s'allongeaient insensiblement sur la terre; à ce moment, un vieillard sortit de la maison. Vivante image des temps passés, il était vêtu d'une longue tunique peinte, retenue par une ceinture de cuir; une chaîne de fer suspendait une large épée à ses côtés, et ses braies étaient serrées autour de ses jambes par des courroies entrelacées. Une sainte vieillesse était empreinte dans la démarche et sur les traits de cet homme. L'âge, qui avait rendu ses cheveux et sa barbe blancs comme la neige, l'âge n'avait point courbé son corps. Il marchait le front haut et d'un pas qui n'annonçait point de faiblesse, mais plutôt de l'hésitation. En effet, ce vieillard était aveugle; et tandis que, les mains tendues, il cherchait si rien ne lui faisait obstacle, il arriva aux trois degrés de pierre sur lesquels la maison était élevée. A cet endroit, le terrain manquant à ses pas, il trébucha et tomba lourdement sur les marches de pierre. Le vieillard ne poussa aucun cri; mais son épée retentit avec fracas sur les degrés, et deux jeunes filles parurent soudainement sur le seuil de la maison.

L'une d'elles, d'une taille élevée, belle aux cheveux blonds, et vêtue d'une blanche tunique, laissa échapper un mouvement d'impatience; la seconde, petite, brune, aux yeux ardents, à la chevelure noire, s'élança vers le vieillard, et voulut essayer de le relever. D'abord il la repoussa rudement; mais lorsqu'elle eut prononcé quelques paroles, il lui dit avec plus de douceur :

— Ah! c'est toi, Dionée. J'ai cru entendre le pas de Césonie, et je ne veux point de son appui.

— Pourquoi n'as-tu pas demandé le mien, vénérable Carrin, comme tu le fais ordinairement?

— C'est que tu ne m'appartiens pas, enfant;

tu es l'esclave de la fille de mon fils, et je ne veux pas disposer du bien d'autrui. D'ailleurs ta maîtresse avait peut-être besoin de toi pour arranger ses cheveux et les parfumer, comme font les femmes d'aujourd'hui ; et c'eût été lui causer un trop vif chagrin que de te détourner un instant des soins de sa parure.

Césonie laissa encore échapper un mouvement d'humeur ; Dionée lui fit signe de se taire ; et, se penchant vers le vieillard, elle lui dit :

— Ne peux-tu pas te relever ? as-tu besoin de mon aide ?

— Non. Je suis bien à cette place, couché sur la terre, en attendant que je sois couché dessous.

— Tu es irrité, Carrin ?

— Moi ! point. De quoi puis-je être irrité ? ma vieillesse n'est-elle pas entourée des soins que des enfants doivent à leur père ? ne sont-ils pas près de moi, pour me soutenir quand je marche, pour me relever si je tombe ?

Il fit un effort comme pour se remettre debout, et la force sembla lui manquer. Césonie s'élança aussitôt près de lui, et s'écria :

— Dieux justes ! serais-tu blessé ?

Le visage du vieillard s'assombrit à cette voix, et il répondit à Césonie :

— Pas assez pour que tu puisses espérer que ma vie s'en ira par ma blessure.

— Carrin, tes paroles sont bien dures contre moi.

— Moins dures que les pierres des degrés de cette maison, que ton père et toi m'avez forcé à venir habiter.

— Tes reproches m'accusent sans cesse, et pourtant je ne fais qu'obéir à la volonté de mon père.

— En ce cas, il est plus heureux que moi d'avoir une fille si obéissante.

— Mon père te respecte comme je le respecte. Dis ce que tu veux, et nous nous empresserons de le faire.

— Ce que je veux, c'est de quitter cette maison, dont le toit pèse sur ma tête, dont les murs prennent la place de l'air qu'il faut à ma poitrine. Oh ! je ne suis pas de ces nobles

Gaulois qui aiment la nouveauté et qui oublient le langage de leur pays pour adoucir leurs voix aux sons languissants du chant grec ou de la mélodie romaine. Je suis un pauvre soldat de la montagne, qui n'ai jamais su que combattre, et ne pense pas qu'un homme doive savoir autre chose. J'ai trouvé à peine le pain de ma vie au bout de mon épée ; mon fils a gagné des richesses dans le repos : qu'il vive donc comme il s'est enrichi. Quant à moi, je veux abandonner ce verger, dont les fruits sont doux et flatteurs comme ces étrangers venus de Grèce qui vous les ont apportés. Je veux quitter cette terre, que vous avez dépouillée de ses forêts, qui étaient notre bouclier contre les ardeurs du soleil ; comme les hommes qui l'habitent ont dépouillé le bouclier où s'amortissaient les javelots de nos ennemis. Ici, je n'ai pas un endroit où reposer à l'ombre, un asile où je ne sois poursuivi par des voix étrangères qui parlent un langage que je ne connais pas, et que je ne veux pas connaître. Tu ris sans doute, Césonie ; je suis aveugle, mais il me semble te voir, de mes yeux que je n'ai plus, jeter un sourire de dédain sur ton aïeul. Parce qu'il méprise ce que tu estimes ; parce qu'il déteste ces viles occupations qui sont maintenant le partage des hommes ; parce que le soin d'arroser un jardin, de tailler une vigne, de tisser ou de teindre une étoffe, lui semble indigne de la main qui peut porter une épée, tu railles tout bas le vieillard. Jeune fille, attends un peu, demain tu pourras rire tout haut, je m'en irai.

— Mais où voulez-vous aller, mon père ? chaque pas que vous feriez serait un danger.

— Penses-tu que je tombasse plus rudement sur la terre de nos campagnes que je ne l'ai fait ici ? Jadis nos demeures avaient un seuil ouvert où le pied du maître ne trébuchait pas pour sortir, où le voyageur qui passait et demandait l'hospitalité, était à la hauteur de celui qui la donnait. Mais aujourd'hui l'hospitalité n'est plus un devoir, c'est une grâce que les maîtres font demander d'en bas et refusent d'en haut. A mesure que la dignité des hommes s'abaisse, ils élèvent leurs demeures, croyant paraître grands parce qu'ils sont hauts placés. Il y a des portes de chêne là où la bonne foi était la gardienne des demeures ; des fossés marquent vos champs et des haies ferment vos jardins ; des murailles entourent vos villes ; ce sont trop d'obstacles pour moi qui ai marché autrefois à travers ce pays sans que rien m'avertît que je n'avais pas le droit de passer où je voulais porter mes pas. Je te le répète, demain je quitterai cette demeure. Il y a encore dans les retraites des monts Pyrénées, dans les forêts qui sont de l'autre côté de la Garonne, dans le pays où régna Bituit, notre roi, et non pas notre maître, comme les Romains, il y a encore de véritables fils de la Gaule, parmi lesquels je serai moins étranger que parmi ceux de ma famille. C'est là que je veux aller.

— Eh bien ! dit Césonie, mon père reviendra ce soir de sa maison de Toulouse, et fera ce qui est convenable pour vous satisfaire.

— Tu as raison, Césonie, ton père a deux maisons, et il n'a pas su y trouver un endroit pour y donner un asile convenable à un vieillard. Nos pères n'avaient qu'une demeure, et si nombreuse qu'elle fût, la famille y trouvait toujours assez de place ; c'est qu'alors elle n'était pas au pouvoir d'un étranger insolent qui y commande comme un maître.

— Mais, mon père, répliqua Césonie avec un léger accent d'humeur, Lentulus vous respecte et...

— Ah! Césonie, reprit le vieillard en interrompant sa petite-fille, tu as le cœur tellement rempli de ce Romain, que tu as trop bien compris que c'était de lui que je voulais parler.

La jeune fille se tut, non par respect pour les remontrances du vieillard, mais parce que ses paroles venaient de l'avertir de la puissance d'une passion qui la préoccupait si grandement. Cependant, après un moment de silence, Césonie reprit aussi doucement que possible, pour ne pas irriter la susceptibilité farouche du vieux Gaulois :

— Ne voulez-vous pas accepter l'appui de Dionée et le mien pour vous relever? nous vous conduirons où vous voudrez, à l'ombre de quelques arbres, sur un siége où vous pourrez vous reposer.

— Je suis bien ici, te dis-je, je m'assiérai sur les degrés de cette maison en travers du seuil. Quand mon fils rentrera il me trouvera à cette place, il ne pourra rentrer chez lui sans me voir; il ne pourra m'éviter, comme il le fait depuis longtemps; il faudra bien qu'il m'entende. Quant à toi, si je te gêne pour sortir et rentrer, attends jusqu'à demain; aie un jour de patience pour ton aïeul; toi qui en as tant à jeter à la joie, ne le marchande pas au vieillard à qui il en reste si peu.

Césonie garda encore le silence; mais un vif sentiment de contrariété se peignit sur son visage. Elle adressa à la jeune esclave grecque quelques signes qui montraient que la présence du vieillard à cet endroit était un obstacle imprévu à ses projets; Dionée sembla la rassurer par d'autres signes et lui promettre d'éloigner cet obstacle; et la jeune fille rentra dans la maison.

Le vieillard se souleva alors, et comme il l'avait dit, il se plaça sur la marche la plus élevée du peristyle de manière à ce que personne ne pût entrer dans la maison ou en sortir sans le déranger.

Carrin demeura seul avec la jeune esclave grecque, qui s'assit à ses pieds, et le considéra avec une inexprimable expression d'intérêt. C'est qu'agitée d'un étrange sentiment elle cherchait sur le visage de ce vieillard ce qu'avait dû être le jeune homme. Sa pensée rendait à ces cheveux blancs leur première couleur, leur feu à ces yeux éteints, à ces joues décolorées leur premier éclat, et sa fière prestance à ce corps décharné. Se laissant aller ainsi à ce pouvoir d'imagination, qui rajeunissait ce vieillard, comme il peuple quelquefois une ruine de ses antiques souvenirs, Dionée posa sa main sur le genou de Carrin et lui dit d'une voix presque exaltée.

— Tu devais être un noble et vaillant guerrier quand tu étais jeune.

Le vieux Gaulois tourna la tête vers l'esclave, comme s'il avait pu la voir, et lui répondit :

— Bien des voix, jeunes filles, me l'ont dit

autrefois; et c'etait alors un honneur, car elles n'accordaient pas cet éloge à celui qui ne l'avait par mérité. Mais pourquoi me dis-tu cela, enfant?

— C'est que dans cette maison, Carrin, tu es le seul qui m'expliques comment les anciens habitants de vos contrées ont pu traverser tant de pays, vaincre tant de peuples, pour venir jusque dans la patrie de mes pères y porter la désolation et la terreur.

— Tu me dis là une chose bien extraordinaire, jeune fille : à peine tu sors de l'enfance, et tu sembles avoir des souvenirs sur notre peuple que je n'ai point recueillis, quoique j'aie vécu plus de six fois ton âge.

— Dis-moi, Gaulois, est-ce que tes ancêtres sont toujours demeurés dans ces contrées? est-ce qu'ils ont toujours laissé la guerre venir les chercher? et ne l'ont-ils pas portée autrefois dans des contrées éloignées.

Le vieillard se recueillit, et après un moment de silence, il répondit.

—Oui, dans un temps dont il ne reste plus de traces parmi nous, nos ancêtres ont été la terreur du monde. A l'âge que tu as aujourd'hui, un druide aussi vieux que je le suis maintenant me l'a dit, je me le rappelle ; et pour lui c'était aussi le souvenir d'un récit entendu dans ses premières années. Nulle mémoire d'homme ne peut nombrer les années écoulées depuis cette époque.

— Ce n'est pas cela, dit Dionée; mais n'y a-t-il pas quarante olympiades à peine que, sous la conduite de Belgius et de Brennus ils envahirent la Grèce et menacèrent la ville d'Apollon, la riche Delphes, d'une entière ruine?

— Quarante olympiades, as-tu dit : combien cela comprend-il d'années?

— Deux fois autant d'années que tu en as vécu.

Carrin sembla étonné, et reprit :

— Et comment peux-tu savoir cela, enfant?

— C'est que je suis née à Delphes, et que j'ai souvent lu dans le temple d'Apollon l'inscription de la statue d'Aleximachus, qui fut tué dans cette occasion, inscription qui raconte cette terrible bataille et qui rend grâces aux dieux immortels de l'orage épouvantable qu'ils soufflèrent sur cette nation barbare et qui dispersa leur armée.

— Tu railles, enfant, dit le vieillard, et penses que la vieillesse enfante la crédulité. Comment ce souvenir se serait-il conservé dans ton pays, lorsqu'il n'existe pas dans le nôtre?

— Ce ne sont pas seulement nos temples qui le disent, répondit Dionée ; mais nos historiens le racontent. Ainsi lorsque je te regardais tout-à-l'heure et que je me reportais à ce que tu devais être dans ta jeunesse, tu me rappelais la description que l'un de nos écrivains a faite de ce peuple terrible. Ils étaient nombreux, dit-il, comme les sables de la mer, et marchaient au combat en chantant leurs exploits et en poussant des cris qui jetaient la terreur devant eux ; ils combattaient nus jusqu'à la ceinture, et brandissaient de longues et larges épées; ils étaient en outre armés d'un javelot qu'ils appelaient framée, et portaient un immense bouclier qui couvrait tout leur corps, et sur lequel ils passaient les rivières ; ils étaient d'une taille extraordinaire, leur peau était blanche, leurs yeux bleus, une épaisse moustache couronnait leur lèvre supérieure, et leur blonde chevelure pendait sur leurs épaules.

Le vieillard attentif écoutait avidement les paroles de Dionée, et, comme si chaque mot rallumait en lui un souvenir éteint, son visage s'éclairait d'une exaltation joyeuse, et il finit par s'écrier :

— Oui, oui, c'est ainsi qu'ils étaient avant que les Grecs de Marseille ne leur eussent apporté la corruption de leur luxe et leur esprit de servitude. Ah! s'ils étaient demeurés ainsi, les Romains ne pénétreraient pas aujourd'hui jusqu'au milieu de nos contrées. Mais depuis que Bituit, notre dernier roi, a été vaincu par le Romain Maximus; depuis que, monté sur son char d'argent, il a suivi ce qu'ils appellent le triomphe de ce proconsul, il n'y a plus de ces fiers Gaulois, il n'y a plus de ces guerriers...

A ce moment la jeune esclave se pressa vivement contre le vieillard, et dans son émotion, oubliant qu'elle parlait à un aveugle, elle s'écria :

— Regarde, Carrin, regarde; Rome ne les a pas tous anéantis.

Et du doigt elle lui montrait un guerrier tel qu'elle venait de le dépeindre, avec sa large épée, son long bouclier, ses cheveux blonds, ses yeux bleus et cet aspect farouche qui avait été si long-temps l'arme la plus redoutable de ces peuples barbares; il portait en outre un collier de fer rivé à son cou ; le frottement en avait rendu les bords luisants comme l'acier le plus poli ; et l'on pouvait juger à cet indice combien il y avait long-temps que l'étranger portait ce singulier ornement.

Ce guerrier s'approcha lentement, et regardant Dionée, qui tremblait à son aspect, il lui dit d'une voix sombre :

—Rome, as-tu dit, jeune fille, Rome! Ce nom est donc connu dans vos contrées? Ce nom pèse donc sur le courage des peuples aux deux extrémités de la terre? Dans les lieux où se couche le soleil, comme dans ceux où il se lève, le trouverai-je encore comme un ennemi qui m'a suivi a travers l'immensité des terres et des mers?

Carrin écoutait cette voix avec un singulier étonnement, et l'esclave répondit :

— Partout où il y a une terre à conquérir et des richesses à piller tu trouveras le nom de Rome.

— Qui es-tu, dit Carrin, toi qui apportes dans ces lieux de nouvelles malédictions à Rome, et que viens-tu chercher dans ce pays ?

— Ce que j'ai cherché dans un autre, et ce que je n'y ai pas trouvé : des hommes pour nous secourir.

— Et à quel titre viens-tu demander des secours aux Gaulois tectosages?

— J'y viens comme un frère viendrait près de ses frères.

—Et tu as traversé, dis-tu, de vastes mers et des terres immenses pour cela ? je ne te comprends pas.

Explique-toi.

—A quoi bon? dit l'étranger; Rome est ici: le courage et la liberté n'y sont donc plus. L'hospitalité même, cette antique vertu de nos pères, doit avoir été exilée de cette terre avec nos dieux et nos lois. Il est donc inutile que je m'arrête davantage. Dis-moi seulement si je pourrai trouver près d'ici la maison de Manobert, l'un des magistrats de la cité de Toulouse.

— Etranger, cette maison est celle que tu cherches. Tu peux y entrer et t'y reposer. Si mon fils a déserté la cause de ses frères pour celle de nos ennemis, il n'a pas oublié toutes les vertus que je lui ai enseignées.

Durant tout cet entretien, Dionée n'avait pas quitté l'étranger du regard. Il était si dissemblable de tous les hommes qu'elle avait vus, que cette attention était plutôt excitée par une curiosité d'enfant que par un sentiment d'admiration ou d'intérêt. Le guerrier regarda à son tour la jeune fille; mais il ne parut pas surpris de son aspect. Ensuite il examina la maison et en observa la structure; puis, après un moment de silence, il s'assit à côté du vieillard, et murmura sourdement ces mots :

— Partout... ils sont partout.

— Carrin n'entendit pas, et reprit :

— Maintenant, Dionée, va me chercher une coupe et du vin, pour que j'échange avec ce guerrier les gages de l'hospitalité que je lui donne, et qu'il reçoit.

Dionée rentra dans la maison, et pendant ce temps Carrin dit à l'étranger :

— Ne me diras-tu pas le nom de celui qui s'est appelé notre frère ?

— Je m'appelle Sigor, répondit le guerrier. Je suis né sur les bords du Danube, dans les profondeurs de la forêt Hercinie, qui fut conquise par les ancêtres de mes pères, dans des temps bien reculés. Le seul souvenir de ces temps qui soit resté parmi nos populations, c'est que le chef qui conduisait les guerriers conquérants s'appelait Sigovèse. Ma famille a gardé un souvenir plus particulier de son origine, car nous portons tous le nom du chef dont je descends, et nous sommes connus sous le nom de Bébrices.

— Nos peuples des montagnes de Pyrène, s'écria Ségor, portent aussi ce nom.

— Et Bébrix, notre chef, venait aussi des

monts de Pyrène, répondit l'étranger, comme s'il eût dit une chose toute simple.

Cependant Carrin laissait percer un vif étonnement en écoutant Sigor; et celui-ci, dont les paroles distraites répondaient des choses si merveilleuses, avait appuyé sa tête sur ses mains et méditait profondément.

— Et quelle raison, Sigor, t'a fait traverser tant de mers et de contrées pour venir jusqu'en ces lieux?

— Ce récit te serait inutile, comme le voyage que j'ai tenté le sera sans doute.

— Les dieux seuls savent les secrets de la destinée des peuples; peut-être ne dois-tu pas perdre toute espérance.

Dionée revint, tenant une coupe d'une main et une amphore de l'autre, elle remit la coupe à Carrin, et la remplit de vin; celui-ci la porta à ses lèvres et versa quelques gouttes de vin sur la terre, en disant à haute voix :

— Que le puissant Mercure entende que je te reçois comme mon hôte; et puissé-je être sacrifié sur ses autels comme le sont les ennemis pris dans le combat si cette maison n'est pas pour toi un asile inviolable.

Après ces paroles, il présenta la coupe à Sigor ; mais celui-ci, l'éloignant de la main, répondit tristement :

— Tes dieux ne sont pas les miens, vieillard, et je ne puis jurer par eux.

Il tira alors son glaive, et le plantant dans la terre, il dit :

— Que la déesse Herte (la Terre), notre mère commune, garde mon épée dans son sein, comme preuve que cette maison est habitée par des frères ; et que le dieu Theutatès me plonge dans les palais de glace d'Hella (la mort) si je lève cette épée contre eux.

Carrin avait écouté cette invocation d'un air confus.

— Oui, dit-il, tu avais raison, nos dieux et nos mœurs sont dans vos forêts ; il ne reste plus de Gaulois dans la Gaule, ils sont tous dans ton pays.

— Dans nos contrées et dans beaucoup d'autres encore, vieillard, il reste des Gaulois. Je les ai toutes parcourues, mais il n'en est pas une où les peuples vaincus d'abord par les armes de nos frères ne les aient conduits depuis au bord de leur défaite, en amollissant leur courage et leur enlevant leurs vertus.

— Eh quoi! s'écria le vieux Carrin, cette nation est-elle donc prête à disparaître du monde?

— Hélas! répondit Sigor, de tous ces flots de guerriers sortis de cette terre, et qui se sont répandus au loin, les uns sont prêts à être engloutis dans le choc des batailles, les autres se sont tellement mêlés aux nations qu'ils ont vaincues, qu'à peine savent-ils d'où ils sortent. En vérité si leur langage n'était le même que le nôtre, s'ils ne portaient en eux les signes certains de la race qui les a enfantés, on douterait encore que les Germains, les Galates et les Pannoniens fussent les enfants de la même nation, tant ils sont dissemblables entre eux par les mœurs, tant ils sont dégénérés de leurs pères, les uns par la barbarie, les autres par la mollesse.

— Que sont donc devenus, dit vivement Dionée, ces Gaulois qui, admis devant Alexandre de Macédoine lorsqu'il marchait à la conquête de la Thrace, et que ce héros leur demanda ce qu'ils craignaient, lui répondirent hardiment : Nous ne craignons qu'une chose, c'est que le ciel ne tombe et qu'il ne nous écrase?

— Ceux-là, c'étaient les frères de nos pères, c'étaient les fils de ceux qui, sortis de ce pays sous la conduite de Sigovèse, traversèrent le Rhin, tandis que Bellovèse passait les Alpes et allait conquérir une partie de l'Italie. Ce furent ceux qui ne voulurent pas, comme nous, s'arrêter aux confins de la Germanie, dont le climat leur semblait trop rude ; ce furent ceux qui descendirent vers la Pannonie et l'Illyrie en traversant le Danube ; enfin ce furent ceux-là qui, plus tard, envoyèrent de leur nouvelle patrie un nouveau Brennus et son armée à la conquête du royaume de cet Alexandre, dont tu parlais ; ceux-là qui, dispersés par la colère de vos dieux, qui précipitèrent sur eux les débris du mont Parnasse (1), ne s'en relevèrent pas moins si puissants

---

(1) Le dieu Pan lui-même combattit pour les Phocéens et les Delphiens réunis, et jeta la terreur parmi les Gaulois. C'est par cette circonstance inventée par les poètes, et à l'occasion de cette bataille que

que, des restes de cette formidable armée, une partie revint à Toulouse, dans la première patrie, et enrichit votre temple d'Apollon des dépouilles de la Grèce, tandis que l'autre conquérait la Phrygie et la Paphlagonie et fondait ce royaume de Galatie, où s'élève la magnifique Ancyre, et qui ne comprend pas moins de cent quinze cités.

Carrin écoutait ces récits avec un vif enthousiasme; sa vieillesse se ranimait en apprenant de si grandes choses de ses compatriotes; mais un mot l'avait frappé dans le récit de Sigor, et ce mot il le répéta avec un vif accent d'interrogation :

— Un nouveau Brennus, as-tu dit : il y en a donc eu un plus ancien ?

— Oui, les fils des guerriers de Bellovèse eurent aussi le leur, le Brennus qui parti du pied des Alpes, vainquit les Romains, s'empara de Rome et brûla cette détestable ville.

— Ah ! s'écria Carrin, quel dieu infernal l'a relevée de ses ruines ?

le mot *terreur panique* fut consacré, pour exprimer une peur sans raison apparente.

— Son premier dieu, sa fortune, et depuis ce temps elle a grandi si vite, que le monde est trop petit pour la contenir. Oh! reprit le Gaulois d'un ton amer, lorsque du sein de nos noires forêts, transporté d'une vaste curiosité, j'attachai cet anneau à mon cou, car parmi nous les vieux usages de nos pères vivent encore, lorsque je fis serment de ne briser ce signe d'esclavage qu'après avoir parcouru tous les pays où le nom gaulois est en honneur, je ne savais pas que, dans la plupart des lieux où ils furent les maîtres, je ne trouverais de présent que la mollesse et l'esclavage.

— Et que sont devenus tous ces fiers conquérants de tant d'illustres contrées?

— Ils sont devenus ce que vous-mêmes êtes devenus, un peuple dégénéré, se débattant sous la serre romaine, qui l'étreint d'un bout du monde à l'autre. Les Gaulois de l'Italie sont tellement vaincus qu'ils s'appellent Romains; les Galates fuient devant les Romains, et Manlius leur général les raille de ses discours du haut du mont OEta, et les écrase de ses phalanges; les Gaulois de Byzance, car

Byzance a été aussi leur partage, paient un tribut aux Romains; les Gaulois de la Pannonie tremblent des deux victoires qu'ils ont remportées sur ce peuple éternel et que rien ne tue; nous seuls dans nos forêts nous ne nous épouvantons pas à ce nom.

— Parce que vous ne le connaissez pas, dit à côté d'eux une voix grave et dédaigneuse.

Les deux Gaulois se levèrent soudainement, et Sigor répondit à Lentulus, qui s'était doucement approché dans l'ombre.

— Et parce que nos fleuves sont trop rapides, nos forêts trop épaisses, nos boucliers trop forts pour qu'il puisse arriver jamais jusqu'à nous.

— J'irai vous l'apprendre à travers vos forêts, vos fleuves et vos boucliers, si la république veut me donner une légion, et si tu veux me dire quel chemin conduit de Rome dans ta patrie.

— C'est le même, dit Sigor, qui mène de ma patrie à Rome.

Cette réponse fit froncer le sourcil au jeune Romain, et il regarda d'un air soupçonneux

Sigor, qui s'éloignait avec Carrin. Le vieillard avait saisi la main du jeune Gaulois, et l'entraînait rapidement en murmurant tout bas des malédictions contre Lentulus. Dionée était restée près de celui-ci.

— Eh bien, lui dit-il, ta maîtresse est-elle belle ce soir, grâce à tes soins, et penses-tu qu'elle me reçoive favorablement ?

— Voilà deux heures qu'elle t'attend, Lentulus, et une femme belle et jeune qui attend...

— Pense à celui qui la fait attendre, répondit en souriant le jeune patricien, en arrangeant les plis de sa robe.

— Ton entretien avec elle sera court, car l'heure approche où Manobal va revenir de Toulouse; tu n'auras pas le temps de lui dire combien tu l'aimes.

— Je n'aurai pas le temps de m'ennuyer, du moins. Sais-tu bien, Dionée, que jamais patricien ne fit pour ses créanciers ce que je fais pour les miens? Il faut avoir une singulière probité pour consentir à devenir l'époux de la fille de ce Manobal, un pêcheur de la côte qui s'est enrichi on ne sait comment; dont le père, qui deviendra mon aïeul, est aussi peu lettré que le chien molosse dont j'ai fait présent à la maison, et dont la fille a tout juste assez d'esprit pour reconnaître que je suis préférable à ces rustres de Toulouse, dont je viens de rencontrer un qui, par une mode toute nouvelle, avait attaché sa ceinture par-dessus sa toge.

Le Romain sourit en prononçant ces paroles, mais on voyait au-dessous de leur frivolité qu'une pensée plus grave l'occupait. Dionée le regarda un moment d'un air de mépris, et elle s'apprêtait à le suivre dans la maison où il allait entrer, lorsqu'il s'arrêta et dit à la jeune esclave :

— Quel est ce Barbare qui était là quand je suis arrivé? d'où vient-il et pourquoi vient-il?

— Je l'ignore.

— Est-ce un ancien ami de Manobal, ou un nouvel ami de Carrin?

Dionée hésita et répondit encore :

— Je ne sais pas.

— Est-il du pays des Boïens ou de celui des

Carnutes? vient-il de la Germanie ou de la Grèce?

— Je l'ignore.

— Est-il arrivé depuis longtemps, ou seulement de ce soir?

— Je l'ignore.

— Tu ignores trop, esclave, toi qui sais toujours tant de choses; tu ignores trop pour que tu ne me trompes pas.

— Tu ne m'as pas donnée à Césonie pour espionner et dénoncer; tu m'as placée près d'elle pour lui enseigner à parler la langue grecque avec l'accent athénien, pour lui montrer comment on touche une lyre et quelle démarche doit avoir l'épouse d'un patricien de Rome.

— Et, par Jupiter! je ferais bien de te changer d'emploi, car tu ne réussis guère dans celui que je t'ai confié.

— Cependant j'y persévérerai et n'en prendrai point d'autre.

— Il me semble que l'esclave se révolte! dit Lentulus avec mépris.

— Non, répliqua Dionée du même ton,

l'esclave obéit; mais la maîtresse qu'elle a maintenant ne lui a pas ordonné d'écouter les paroles de chacun pour les lui redire; elle n'a besoin de connaître ni les secrets de son père, ni les discours de l'hôte étranger qui est dans sa maison, ni les joyeux propos de son futur époux sur la famille où il va entrer et sur la sotte Gauloise qu'il va honorer de son nom.

—Dionée, ma belle Grecque, dit Lentulus en lui caressant doucement la joue et en s'éloignant d'un air de suffisance extrême, je ne te croyais plus jalouse.

Dionée ne répondit pas, mais un éclair de colère sillonna son front, et elle murmura tout bas :

—Oh! malheur à toi, Lentulus, car je ne suis plus jalouse, et je te méprise.

Lorsque Lentulus pénétra dans la maison, il traversa l'atrium ou la cour sans rencontrer personne, et arriva en face de la porte d'entrée au tablinium ou salon de réception, et y trouva Césonie occupée à chanter en s'accompagnant de la lyre. Avant de pénétrer dans la salle où elle se trouvait, Lentulus s'arrêta en entendant cette musique, il fit une grimace pareille à celle d'un homme qui vient de mordre à pleines dents au milieu d'un citron. Enfin il se décida à entrer et s'approcha avec empressement de Césonie, et lui dit :

— J'en jure par les Muses, jamais accords plus ravissants n'ont frappé mes oreilles ; Césonie est la reine de la lyre, et mille fois heureux sera celui qui possédera tant de beauté unie à tant de talent.

— Si tu es satisfait, répondit Césonie en rougissant de plaisir, je te ferai entendre le dernier chant que m'a appris Dionée.

Lentulus lui arrêta doucement la main qu'elle portait à sa lyre, et reprit avec un accent flatteur :

— N'as-tu rien à me dire, Césonie, que le chant que t'a enseigné Dionée, et n'as-tu pas pour moi dans ton cœur des paroles qui pour être douces n'ont pas besoin d'être accompagnées des sons de la lyre ?

— Que veux-tu que je te dise que tu ne saches pas ?

— Ainsi tu m'aimes?

— Ne m'as-tu pas promis de m'épouser et de me conduire à Rome?

— Sans doute.

— De me donner une litière portée par des chevaux magnifiques, de me conduire au théâtre et au cirque?

— Oui, dit Lentulus, partout où est la place d'une noble patricienne.

— Enfin tu m'arracheras de ce pays barbare, où le partage des femmes est de surveiller les travaux de la campagne lorsqu'elles ne le font pas de leurs propres mains?

— Et dans lequel cependant elles jouissent d'un privilége pour lequel nos dames romaines donneraient tout ce que tu demandes, celui d'assister aux conseils de la nation et d'y délibérer les affaires publiques.

— Et moi, je le donnerais pour la moindre des parures dont j'ai vu parée Marcia, la femme du consul Cépion, lorsque j'accompagnais mon père dans le camp de ce Romain, et que je te vis pour la première fois.

— Eh bien! si tu veux y assister, demain je

te donnerai la parure que tu désires. Mais tu feras ce que je vais te demander : tu accompagneras demain ton père à Toulouse, et tu iras t'asseoir parmi les membres de l'assemblée qui doit s'y tenir demain, et tu me rapporteras tout ce qui y aura été décidé.

—Lentulus, ceci est une trahison contre ma nation.

— Césonie, c'est une preuve de fidélité pour le peuple romain, qui va t'adopter parmi ses filles; c'est une preuve d'amour donnée à ton époux.

Césonie était facile à persuader : elle était sous l'influence de cet esprit de nouveauté, qui a toujours si facilement séduit les femmes de notre nation, et qui à cette époque leur faisait préférer les vices élégants et les grâces affectées à la beauté rustique et sévère qui vivait à côté d'elles.

—Lentulus, lui dit-elle, je ferai ce que tu voudras, mais jure-moi que je serai ton épouse.

Lentulus sourit et répliqua :

—Quels serments veux-tu que je te fasse ?

—Tu ne peux jurer comme nous par ta barbe ni par tes cheveux, parce que ton visage est rasé et que tes cheveux sont courts comme ceux de nos esclaves; mais fais-moi ce serment par Mercure ton dieu et le nôtre.

— Césonie, votre Mercure à qui vous sacrifiez des victimes humaines, n'est pas le dieu des Romains; le nôtre ne demande pas le sang des hommes et se contente de celui de nos brebis; par celui-là, si tu veux, je te jure que tu seras l'épouse de Lentulus.

Comme il disait ces paroles, il entendit le murmure d'un certain nombre de voix, et reconnut celle de Manobal, qui dominait toutes les autres. Lentulus s'avança gracieusement vers le Gaulois et lui dit en le saluant de la main, tandis que celui-ci portait sa main à sa tête et en arrachait un cheveu pour lui témoigner qu'il le saluait comme un homme d'une grande considération :

— Eh bien, Manobal, quelles nouvelles nous apportes-tu de Toulouse?

— De fâcheuses, dit Manobal.

Lentulus recula.

—Plus tard, continua Manobal, je te les dirai, lorsque nous aurons fait le repas du soir avec cet étranger que mon père a accueilli; il est inutile qu'il les connaisse; inutile aussi qu'il voie le trouble qu'elles pourraient te causer; suivez-moi donc tous deux dans le triclinium, où le souper est préparé.

Au moment où ils allaient passer dans la salle du festin, ils virent que les mets avaient été servis sur le pavé de l'atrium ou de la cour, et que des tapis étaient placés tout autour pour la commodité des convives.

Manobal et Césonie n'en parurent pas surpris; mais Lentulus s'écria d'un ton de dédain:

—Qui a pu faire servir ici ce repas à la manière des Barbares? c'est ainsi que l'on donne la curée aux chiens.

—C'est ainsi que tu prendras la tienne, Romain, s'écria Carrin avec colère; et c'est moi qui ai donné cet ordre. Manobal, reprit-il en s'adressant à son fils, lorsque le hasard a conduit dans ta maison un de tes compatriotes, tu peux bien abandonner, pour le recevoir honorablement, les usages que tu as pris pour plaire à un étranger, et revenir à ceux que tu suivais encore naguère.

— Ce qui est fait est bien fait, dit Manobal d'un air soucieux; et d'ailleurs il importe peu en quel endroit nous prendrons ce repas.

— Manobal a raison, dit Lentulus en s'étendant par terre; les pierres de cette cour ne sont pas beaucoup plus dures que les lits de paille qui sont autour de la table dans le triclinium.

— Nous n'avons pas encore reçu, dit Césonie, humiliée de l'observation de Lentulus, les lits plus doux que nous avons demandés à Marseille.

— Et quand ils arriveront, dit Carrin, sans doute ils seront inutiles, car il faut espérer que les hommes auront alors besoin de se tenir debout.

— Mon père, dit Manobal, l'étranger que vous avez accueilli est le bienvenu pour moi; que celui que j'ai invité soit de même pour vous : que chacun prenne donc place, et que le repas soit servi.

Les hommes se posèrent sur les tapis, et Césonie resta debout.

— Quoi! dit Lentulus, Césonie ne prend point place à nos côtés?

— Qui veux-tu donc qui nous serve? dit Manobal.

— Je veux que ce soient les esclaves.

— Les esclaves sont revenus des travaux de la campagne; et leurs femmes leur servent leur repas, comme les nôtres ont coutume de nous servir.

Lentulus allait répondre; mais Manobal l'arrêta avec humeur, et ajouta:

— Peut-être n'est-ce pas l'usage à Rome, mais c'est celui de nos contrées; nous n'avons pas ici des dames romaines; et il n'est pas assez sûr que nos filles gauloises le deviennent jamais pour que nous leur fassions perdre les habitudes dans lesquelles elles seront peut-être forcées de vivre.

Ces paroles de Manobal jetèrent une contrainte glacée parmi les convives. Manobal dévorait avec activité les viandes à moitié cuites qu'on lui servait sur d'épaisses croûtes de pain sans levain. Sigor, après avoir apaisé sa faim avec quelques fruits, garda le silence en considérant alternativement Dionée accroupie auprès du vieux Carrin, à qui elle présentait les mets qu'il demandait, et Césonie, qui servait plus particulièrement Manobal et Lentulus. Celui-ci touchait dédaigneusement et du bout des dents à une bartavelle, bien que cet oiseau fût renommé même à Rome pour sa chair délicate et pour son parfum ; mais il avait été préparé sans épices, et ne pouvait flatter le goût raffiné du jeune patricien. Cependant il observait l'attention de Sigor et envoyait de temps en temps à Césonie des sourires d'intelligence qui lui promettaient une autre vie. Dionée, de son côté, jetait des regards furtifs sur tous les convives. Chacun semblait avoir à part soi des pensées qui attendaient un autre moment pour se produire. Aussi le repas fut-il court, et Manobal le premier se leva. A ce moment il parut embarrassé entre son hôte romain et son hôte gaulois, puis, après un moment d'hésitation il s'adressa à Césonie et lui dit :

Césonie, demeure avec ton aïeul dans la compagnie de ce brave guerrier, je vais être bientôt de retour, car Lentulus ne peut passer la nuit dans notre maison, et je vais l'accompagner jusqu'au pied de la colline.

Le Romain parut choqué de cette manière brutale de le renvoyer; mais, sur un signe de Manobal, il comprit que le Gaulois n'agissait ainsi que pour avoir la liberté de l'entretenir secrètement. Un instant après Lentulus et Manobal s'éloignèrent. Dionée s'approcha furtivement de Sigor, et lui dit en lui montrant Césonie :

—Maintenant que tu l'as vue, ne la trouves-tu point belle?

—Oui, dit Sigor en regardant Dionée.

—Eh bien, fais qu'elle te préfère à ce vaniteux Lentulus, et Manobal préférera ton peuple au peuple romain; car c'est ainsi que les choses se conduisent dans cette maison. C'est la fille qui gouverne le père, et comme c'est le père qui gouverne l'assemblée, tu auras...

—Dionée, dit le vieux Carrin, conduis-moi vers le bois prochain, afin que je prenne un salutaire exercice. Sigor m'excusera si je le laisse seul avec la fille de mon fils ; mais ma vieillesse m'a fait une habitude de la marche après le repas du soir.

— Je serai votre guide si vous voulez, dit Césonie.

Carrin la repoussa doucement quand elle s'approcha de lui, et Dionée emmena rapidement le vieillard.

IV.

Sigor avait suivi Dionée des yeux, et lorsqu'elle fut tout-à-fait disparue, il reporta ses regards sur Césonie qui était restée debout près de lui et dont l'air embarrassé et boudeur montrait qu'elle était peu charmée de la tâche qui lui avait été imposée.

Cependant elle regardait Sigor, mais comme on regarde une chose extraordinaire et curieuse par sa rareté. Il y avait dans son attention cet examen dédaigneux et moqueur que les femmes font si vite d'un homme dont elles veulent nier les qualités. Césonie si gauche, si humble devant l'élégance impertinente du patricien Lentulus, se sentait toute prête à rendre au barbare Sigor les dédains de sa demi-civilisation. Enfin pour nous mieux expliquer elle était entre ces deux hommes comme une provinciale de nos petites villes en adoration devant un dandy parisien et regardant par-dessus l'épaule les manières d'un rustre campagnard.

Sigor ne parut ni étonné, ni irrité de cette singulière curiosité, et dit à Césonie après un moment de silence :

— Je suis un homme, jeune fille ; je ne suis pas un monstre étrange qu'on montre en spectacle, comme vos bateleurs font, des ours de vos forêts.

— Nos esclaves aussi sont des hommes, répondit Césonie avec une insolence extraordinaire dans une si jeune fille.

— Dis plutôt que vos hommes sont des esclaves.

—Tu as peut-être raison, et c'est pour cela qu'ils n'inspirent que le mépris.

—Le droit de mépriser n'appartient qu'aux âmes libres, et celles qui acceptent avec joie la tyrannie d'un étranger sont au-dessous des esclaves.

—Cela est peut-être vrai pour celles qui acceptent sa tyrannie, mais non pour celles qui font accepter la leur.

— Je te comprends, Césonie, ce Romain te flatte; il t'appelle sans doute sa maîtresse et sa divinité, et tu crois à ses paroles.

—Pourquoi n'y croirais-je point? faut-il, pour que la vérité soit vérité, qu'elle se montre à nous sous un aspect rustique, avec un visage farouche et des paroles amères?

—C'est inutile, en effet, mais il faut qu'elle soit dite par un homme qui n'ait aucun intérêt à tromper.

— Et quel intérêt Lentulus a-t-il à me tromper?

Sigor resta un moment sans répondre, et ajouta enfin:

— Cet intérêt dépasserait les bornes de ton intelligence.

— Tu me flattes, étranger ; je suis confuse de tant de politesse.

— Oh ! en te parlant ainsi, Césonie, ce n'est pas toi que je blâme ; tu ne peux savoir que ce qu'on t'a appris. Mais si j'avais eu à répondre à une femme de ma contrée, ou bien à l'une de celles qui faisaient autrefois l'honneur du pays que tu habites, je lui aurais expliqué cet intérêt.

— Eh bien, Sigor, essaie de me le faire comprendre ; peut-être ne suis-je pas si peu intelligente que tu te l'imagines.

Césonie dit cela d'un ton qui joua si sérieusement la franchise, que Sigor s'y laissa prendre, et qu'il répondit d'abord avec tristesse et ensuite avec une vive exaltation :

— Césonie, puissé-je réveiller en toi le sentiment de notre fierté gauloise ; puissé-je, en te voyant sensible à ce qui fut la gloire de nos pères, ranimer aussi en moi-même la force qui s'éteint, et effacer le doute qui me prend ! Non, je ne te puis blâmer, toi qui vis au milieu d'un peuple si dégénéré de toutes nos antiques vertus, de ne pas les chercher comme la plus noble parure d'une femme, comme sa plus riche dot ; car moi, depuis bientôt cinq ans que jai quitté nos forêts pour me mêler à des peuples inconnus de mes frères, je ne sais plus si j'ai dans le cœur le même amour pour leurs mœurs, la même haine pour les étrangers. Ta vue, Césonie, m'a cependant reporté à ces temps où je ne connaissais que nos lois, nos mœurs, nos femmes et nos dieux. Tu es belle, comme les belles vierges de la Pannonie ; tu es grande et forte comme elles ; la sombre verdure de la verveine couronnerait noblement tes blonds cheveux ; ta parole forte retentirait avec éclat dans nos assemblées ; tes yeux bleus apprendraient à lire dans l'avenir ; ton front atteste le courage qu'il faut à l'épouse d'un guerrier pour le suivre dans la bataille et compter ses blessures ; tu as été pour moi le souvenir visible de ma patrie; ton aspect seul a jeté le remords dans mon cœur, et m'a rappelé mes sermens oubliés! et maintenant, si ta voix me disait de les accomplir, je retrouverais ce courage que j'ai emporté avec moi, et qui s'est usé, je le sens, à tenter vainement de soulever de nobles ressentiments dans l'âme de nos compatriotes. Mais je les ai trouvés si incapables d'un effort généreux, tellement pliés à l'habitude d'être vaincus et dominés, que le désespoir m'a pris aussi et que je ne sais plus si l'heure n'est pas venue où moi-même j'accepterai le joug par lassitude, et la honte par imitation.

Césonie, qu'avait d'abord émue l'exaltation de Sigor et qu'avait flattée l'éloge qu'il avait fait de sa beauté, reprit son calme affecté lorsqu'il eut cessé de parler, et répondit doucement :

— Sans doute, Sigor, ce serait une honorable tâche à remplir; et sans doute le résultat en serait noble et grand pour toi et pour celle qui l'accomplirait.

— Il mériterait à tous deux la considération et la renommée, ces deux saintes récompenses du courage de la vertu.

— Oui vraiment, reprit Césonie, en laissant percer une intention de raillerie sous un accent qui affectait d'être inspiré, si la voix d'une femme te poussait à exécuter ces nobles projets que je ne connais pas, tu serais salué parmi les tiens du nom de grand et de brave; la reconnaissance publique te placerait au premier rang des guerriers; les armées te nommeraient leur chef et les peuples leur roi. Ce serait là ta récompense, n'est-ce pas, Sigor?

—Oui, répliqua celui-ci, qui crut à la sincérité de l'enthousiasme de la jeune fille, oui, ce serait là ma récompense si j'arrivais à réunir d'un bout du monde à l'autre, et dans le même complot, les diverses nations gauloises pour les précipiter de toutes parts sur cette puissance romaine, qui envahit tous les peuples et les ronge lentement.

—Et la récompense qu'obtiendrait celle qui t'aurait rendu ton courage et ta force serait bien grande aussi : elle deviendrait l'épouse d'un chef gaulois; et durant la paix, tandis qu'il s'enivrerait à l'ombre de ses forêts, elle veillerait aux soins domestiques les plus vils; tandis qu'il voyagerait sur un char, elle le suivrait à pied : durant la guerre, elle partagerait sa fuite s'il était vaincu, et le verrait se parer seul de son butin s'il était vainqueur ; n'est-ce pas une bien belle destinée pour cette femme, et ne doit-elle pas tout tenter pour l'obtenir?

— Ah, Césonie! dit Sigor confondu, tu railles l'hôte de ton aïeul et de ton père, tu ris de ce qui fut respectable et sacré pour nos ancêtres communs.

— Moi? point, répliqua Césonie en ricanant, j'admire ce magnifique partage des femmes gauloises; mais je ne me sens pas digne de l'obtenir; je préfère une riche maison à une hutte de chaume, les loisirs aux rudes travaux, les danses légères aux marches accablantes, les jeux de théâtre aux joies sauvages de vos festins, l'amour d'un Romain au dédain d'un Gaulois, le commandement à l'esclavage : c'est dédaigner mon pays peut-être, mais c'est honorer la dignité de mon sexe. Tu parais étonné, Sigor ; mais j'ai vu mon père s'entretenir avec toi lorsqu'il est arrivé; j'ai deviné le motif qui l'a poussé à me laisser ici avec un étranger qui l'est moins peut-être pour lui que pour nous; j'ai compris aussi pourquoi mon aïeul s'est éloigné, j'ai entendu les paroles que t'a dites

Dionée : si elles sont vraies, si mon père gouverne la cité et si je gouverne mon père, ce ne sera pas à toi que profitera cette influence, je te le dis sincèrement. De toutes les vertus que tu me souhaites, j'en aurai une de moins envers toi, ce sera la franchise. Je ne sais, Sigor, si tu trouveras que je manque d'intelligence, mais sois assuré que je ne manque pas de résolution.

— Césonie, reprit Sigor en faisant retentir sa voix avec éclat, je n'ai rencontré qu'une femme qui eût un langage aussi assuré que le tien. Cette femme s'appelait Chiomare, et était l'épouse du tétrarche Ortiagon. Elle fut prise par un proconsul romain, qui la combla de richesses et se fit son esclave, tant il en était épris. Chiomare lui donna un rendez-vous et quand il y fut venu, elle le frappa de sa propre main. S'étant alors échappée de son camp, elle porta à son époux la tête de ce Romain et la jeta devant lui en disant : Voilà la tête d'une homme qui a outragé notre nation au point de croire que l'une de ses femmes céderait aux attraits avec lesquels ils séduisent leurs courtisanes.

Cette femme, Césonie, les Gaulois l'ont appelée grande et les Romains l'ont nommée sainte. Tu peux chercher d'après cela le nom qui te sera reservé.

Aussitôt Sigor s'éloigna; il sortit de la maison et se préparait à la quitter tout-à-fait lorsqu'il fut arrêté par les sons d'une lyre qui partaient du fond du verger. Il les écouta d'abord avec étonnement, puis, se laissant gagner peu à peu au charme de les entendre, il se rapprocha insensiblement de l'endroit où était placé le musicien. Une voix de femme se mêlait à ces accords, elle avait quelque chose de mâle et de sévère inconnu à l'oreille de Sigor. Il en était de cette voix, par rapport à celles des femmes qui habitent les forêts de la Pannonie, comme il en est des fruits savoureux de la Grèce par rapport aux fruits aigres et verts de nos froides contrées. Cette voix, on le sentait, avait été mûrie par le soleil, et sa plénitude grave étonna et émut singulièrement le guerrier barbare.

Quand Sigor put distinguer les paroles du chant qu'il écoutait, elles ne l'étonnèrent pas moins que le chant lui-même : elles faisaient un si frappant contraste avec ce qu'il venait d'entendre, qu'elles semblaient un avertissement qui lui était donné par le hasard. Elles vantaient en effet le bonheur d'une femme choisie par l'amour d'un brave; elles exaltaient cette gloire partie du front de l'époux comme un rayon du soleil, pour venir éclairer le front de l'épouse; elles promettaient les plus rudes services et le plus absolu dévouement pour arriver à ce partage. Elles vouaient avec enthousiasme la vie obscure de la femme à l'existence glorieuse de l'époux ; enfin elles louaient et acceptaient le sort qui venait d'être si insolemment repoussé par Césonie.

Sigor marchait d'étonnement en étonnement, et il fut encore plus surpris en voyant la bouche qui avait prononcé ces paroles qu'il ne l'avait été de ces paroles mêmes. Si l'éloge des saintes vertus qui avaient distingué les femmes de l'antique Gaule lui avait paru étranger dans cette Gaule dégénérée, il lui parut plus étranger encore sorti des lèvres d'une esclave grecque. En effet, c'était Dionée qui chantait ainsi, couchée sur l'herbe aux pieds du vieux Carrin, qui écoutait silencieusement.

Sans doute elle avait d'abord chanté pour lui, mais déjà elle ne chantait plus que pour elle-même. Ses lèvres avaient commencé l'hymne, mais son âme l'avait achevé: elle avait voulu d'abord flatter les souvenirs de Carrin, et avait fini par dire ses propres espérances. Aussi sa voix vibrait d'un éclat remarquable; on sentait qu'elle sortait d'une poitrine émue et que le sentiment énergique qui arrachait de tels chants du cœur de cette jeune fille devait faire frissonner tout son corps, comme la main puissante du musicien ébranle et fait frémir dans toutes ses entrailles l'instrument qu'il anime.

Le silence de la nuit prêtait sa vaste enceinte à ce chant magnifique; ce n'était pas comme dans le jour, où les mille bruits qui tournent autour de la maison semblent y renfermer le bruit qui s'y fait. La voix de Dionée n'allait se heurter à aucun son extérieur. Comme la lumière qui, partie du ciel, se glisse dans toutes les profondeurs de l'atmosphère ; de même sa voix s'étendait dans l'espace et allait remuer la sonorité des échos les plus profonds ; elle semblait l'âme de cet immense instrument qu'elle faisait résonner au loin.

Ce que les accents avaient de pouvoir était encore augmenté par l'aspect de Dionée elle-même. La blanche lueur de la lune semblait à la fois donner plus d'éclat à la blancheur de son front et assombrir le noir brillant de ses cheveux ; et si ce n'eût été le feu de ses yeux, on eût dit un visage de marbre sur un fond d'ébène.

Sigor l'écoutait et la regardait ; il s'enivrait par l'oreille et par les yeux du charme nouveau pour lui qui émanait de cette belle esclave, et bientôt il en fut tellement transporté, qu'il s'avança et lui dit avec enthousiasme :

— C'est toi qui es digne de la liberté, et c'est ta maîtresse qui devrait être ton esclave

A ces mots Dionée se releva toute confuse ; une émotion bien différente de celle qu'elle éprouvait en chantant vint l'agiter tout-àcoup; un vif sentiment de joie presqu'aussitôt réprimé illumina son visage, et elle demeura la tête et les yeux baissés pendant que Carrin disait à Sigor :

— Je l'avais dit à Manobal, que sa fille s'était changée sous l'influence de ce Romain comme une fleur atteinte par un souffle pernicieux. Celui qui ouvre imprudemment sa maison à l'étranger ne doit pas s'étonner, quand il y rentre, de trouver sa maison étrangère à lui. Que t'a dit Césonie, jeune homme, et que pouvons-nous espérer pour la réussite des projets que tu nourris?

— C'est à Manobal à nous répondre, répondit Sigor, dont le regard ne quittait pas le front tremblant de Dionée. C'est parce que nous avons cru que les femmes d'aprésent avaient les vertus des femmes d'autrefois que nous leur avons supposé le même puissance; mais, d'après ce que je viens de voir, je dois croire qu'elles ne sont plus admises au conseil de la nation, et que, si elles jouissent encore de ce privilége, ce n'est plus qu'une vaine formalité.

Dionée, en entendant ces paroles, regarda Sigor avec une sorte de compassion et, appuyant sa main blanche et petite sur le bras puissant du guerrier qu'elle fit tressaillir, elle lui dit doucement :

— Ne méprise pas le pouvoir des femmes parce qu'il ne s'exerce plus dans l'assemblée publique, car c'est pour cette raison qu'il est plus redoutable; c'est aussi pour cette raison qu'il n'est plus au service de la vertu. A mesure que les Gaulois ont éloigné leurs femmes des conseils de la nation, ils ont éteint en elles l'amour des intérêts nationaux. En les renfermant dans les attributions d'épouses soumises, ils leur ont créé les besoins que donne la solitude et l'inoccupation. Ne t'étonne donc pas s'il faut à ces femmes, qui n'ont plus la gloire pour les distraire, des plaisirs qui les désennuyent.

— Pourquoi n'as-tu pas les mêmes sentiments que Césonie, esclave? dit Sigor, toi qui es encore plus qu'elle privée de cette admission aux grands intérêts d'un peuple?

— C'est que le premier besoin d'un esclave

ce n'est pas d'être heureux, c'est d'être libre!

Pendant que l'incident que nous venons de rapporter se passait dans la maison de Manobal, celui-ci avait avec le Romain Lentulus un entretien sur le même sujet, mais plus explicite, comme il arrive entre gens qui se connaissent assez pour oser être ce qu'ils sont à découvert.

— Eh bien! Manobal, disait Lentulus au Gaulois, quelles sont ces fâcheuses nouvelles que tu nous rapportes de Toulouse? tes compatriotes ne veulent-ils plus accepter la protection romaine, et nourrissez-vous encore de folles craintes de voir se relever la fortune de votre roi Bituit

— Ce ne sont pas de folles craintes, ce sont des espérances. Crois-moi, Lentulus, la Gaule n'est amoureuse d'aucune domination; et si moi-même, je croyais pouvoir espérer que ses efforts la délivreront, je serais le premier à exciter mes compatriotes. Mais nos alliés de Marseille vous ont ouvert la route de la Gaule, et nous avons appris de vous comment on conquiert un pays, plus encore par les alliances que par les armes.

— Tu te trompes, Manobal, cette science n'est pas venue des Romains aux Gaulois, elle est venue plutôt des Gaulois aux Romains. Vous nous avez appris comment il fallait acheter les Marseillais pour nous ouvrir la route de la Gaule le jour où vous vous êtes vendus à Annibal pour lui ouvrir celle de l'Italie. Mais laissons ces vaines discussions, et dis-moi quelles sont ces fâcheuses nouvelles?

— Sache donc que la garnison romaine vient d'être retenue prisonnière à Toulouse.

A cette nouvelle, Lentulus arrêta Manobal et lui dit d'un air sardonique:

— Est-ce encore une preuve de la bonne foi gauloise et de son ignorance dans l'art des traités secrets? Voyons, que vous ont promis les Cimbres pour vous pousser à cette action? Quelle part du butin vous est assignée parmi les richesses qu'ils comptent rencontrer dans notre camp?

— Je te l'ai déjà dit, Lentulus, la haine de la domination romaine a été le premier mobile de la détermination des magistrats de Toulouse.

— Préférez-vous celle de ces barbares?

— La domination des Cimbres n'est point à redouter; c'est peut-être un torrent qui jetterait sur notre sol quelques ruines et quelques dévastations, mais ce torrent serait passé depuis long-temps lorsque l'action persévérante de Rome dévorera encore notre territoire.

— Penses-tu donc que Rome ne soit pas assez forte pour disperser cette armée, en qui vous avez espérance?

— Pour disperser les Cimbres, je n'en doute pas, mais non point pour les repousser lorsqu'ils seront unis aux Gaulois de toutes les nations, fatigués de vous voir arriver partout où ils ont établi leurs demeures.

— Eh! comment ont-ils établi leurs demeures partout où nous les rencontrons? N'est-ce pas par le combat et la victoire, et ne pouvons-nous pas invoquer le même droit pour nous emparer des pays qu'ils ont autrefois conquis?

— Tu as raison, Lentulus, et puisque c'est

là le véritable droit des peuples, il me semble qu'ils peuvent s'en servir pour se défendre, aussi bien que pour attaquer : et ce n'est pas un acte de mauvaise foi aux habitants de Toulouse d'avoir diminué les forces de leurs ennemis, pour faciliter la victoire de leurs alliés.

— Quoi, déjà vos alliés ! dit Lentulus, je suis ravi de le savoir, car il est juste de faire partager le même sort aux nations qui combattent sous le même chef : et ne sais-tu pas que les Cimbres ont déjà été vaincus par Cassius Longinus et Calpurnius Pison, généraux de l'armée romaine ?

— Je sais, répondit Manobal, que Pison et Longinus sont morts, et que Papilius, lieutenant de Pison, a traité avec les Cimbres, et leur a déjà remis des otages.

Lentulus parut interdit, non pas de la nouvelle en elle-même, mais de ce que Manobal était si bien informé; puis il reprit, après un moment de silence :

— Et qu'avez-vous décidé à Toulouse ?

— Je t'ai déjà dit ce qu'avait décidé l'assemblée des chefs.

— Ce n'est pas cela que je te demande, je veux savoir ce qu'a décidé Manobal.

— Il y a quelques jours, je t'aurais répondu sur-le-champ; il y a quelques jours, Sigor n'avait pas été entendu dans le conseil des magistrats, il ne nous avait pas apporté les propositions de nos frères de toutes les contrées, et n'avait pas décidé les Cimbres à s'unir à nous pour se précipiter sur l'Italie; car, tu ne l'ignores pas, ces peuples, comme tant d'autres, sont encore sortis de notre sein; ce sont encore les Gaulois qui, après avoir soumis la Thrace, ont subjugué la Scythie.

Lentulus ne répondit pas, mais il murmura contre le peuple gaulois le même mot que Sigor avait dit contre le peuple romain.

— Partout, dit-il, nous le trouverons donc partout. Mais, reprit-il, en s'adressant à Manobal; si vous avez tous la même origine, vous n'avez plus ni les mêmes lois ni les mêmes dieux; et les Cimbres sont bien plus différents des Gaulois dont ils descendent que ceux-ci ne le sont des Romains, leurs éternels ennemis.

— Je ne l'ignore pas; et certes, ce n'est pas moi qui mettrai obstacle à une nouvelle alliance entre nous et Rome, si elle était faite sur des bases que nous puissions accepter.

— Écoute, dit Lentulus, je puis te conduire secrètement au camp de Cépion, notre nouveau général, et tu pourras traiter avec lui.

— Ce n'est point là qu'est la difficulté, c'est de faire accepter le traité par la ville de Toulouse; et, quelque pouvoir que j'y exerce, si la voix de Sigor s'élève contre la mienne, je n'ai aucune espérance de réussir.

— Par quel art cet étranger a-t-il donc pris parmi vous une si grande autorité?

— En attaquant les Gaulois dans les passions qui survivront éternellement en eux à tous les désastres qu'ils peuvent éprouver; en leur parlant de l'indépendance de leur pays comme de leur premier bien, et en leur montrant la conquête et la guerre comme les seules occupations dignes d'eux. Ou tu ne sais pas l'histoire de nos peuples, Lentulus, ou tu dois comprendre par quels nombreux souvenirs de gloire Sigor a pu enflammer le courage de l'assemblée. Il a plus fait que de rendre les Gaulois honteux de leur position actuelle, il leur a rendu leur confiance en eux-mêmes, et cette confiance, il l'a apportée avec lui. Ce qui manque à la Gaule, ce ne sont pas des hommes et des armes; ce qui lui manque, c'est un chef; et si nous laissons faire, ce chef, ce sera Sigor lui-même.

— N'est-il donc aucun moyen de faire taire cette voix si puissante?

— Je n'en connais pas.

— Sigor n'habite-t-il pas dans la maison de Manobal, et la maison de Manobal n'est-elle pas dans un lieu désert et loin de toute habitation?

— Sans doute, répondit le vieux Gaulois, mais Sigor est l'hôte de Manobal, et tu sais que notre loi, qui punit de l'exil le meurtre d'un concitoyen, punit de mort le meurtre d'un étranger.

— Ne peut-il disparaître sans qu'on sache ce qu'il est devenu?

— La ville de Toulouse a constitué Sigor l'hôte de Manobal, et il faut qu'il le lui représente mort ou vivant. Ne pense donc plus à ce moyen.

— N'en connais-tu pas d'autre?

Manobal garda le silence, il semblait embarrassé, non pas du moyen à trouver, mais de la manière dont il ferait l'aveu du moyen qu'il avait trouvé. Il consulta plusieurs fois de l'œil la physionomie de Lentulus, pour savoir s'il devait parler, comme un homme prudent tâte du pied un terrain qu'il croit dangereux et où il a peur de trébucher. La figure de Lentulus ne rassura point Manobal, elle avait cette expression d'incrédulité d'un homme qui devine qu'on va le tromper. Manobal ne le trompa point, et au lieu d'aborder le moyen qu'il voulait proposer à Lentulus, il commença par énumérer tous ceux qu'il savait être impraticables.

— Sigor, lui dit-il, n'est pas un homme qu'on puisse réduire par la crainte.

— Je le crois.

— Sigor n'est pas un homme qu'on puisse acheter avec de l'or.

— Je suis de ton avis.

— Cependant Sigor n'est pas à l'abri de toute séduction. Durant la mission dont il a été chargé, il a vu d'autres pays que ses forêts, d'autres richesses que ses troupeaux, d'autres plaisirs que ceux de la chasse; il n'est pas insensible à une vie meilleure que celle à laquelle il sera forcé de retourner; et si une voix pour laquelle ce ne serait pas une honte de vanter les plaisirs d'une vie oisive, si une voix de femme, par exemple, excitait en lui cette propension, je ne doute pas que bientôt il n'abandonnât ses projets.

— Et c'est pour cela, n'est-ce pas? que tu l'as laissé avec ta fille Césonie, espérant que sa voix charmera le Barbare?

— Lentulus, je t'ai promis ma fille Césonie, et quelque pouvoir qu'elle exerce sur le cœur de Sigor, quelque résolution que l'amour qu'elle pourra lui inspirer fasse prendre à ce guerrier je tiendrai la foi que je t'ai promise.

— Il est possible qu'il convienne à Manobal que sa fille cherche à séduire un Barbare, en attendant qu'elle devienne l'épouse d'un Romain, mais je t'avertis que cela ne convient point à Lentulus.

— Voudrais-tu me rendre ma parole?

— As-tu envie plutôt de la reprendre?

Manobal sembla agité par une vive incertitude; mais comme toutes ses divagations à travers des sujets étrangers à celui qui le préoccupait n'avaient cependant qu'un but, il y revint tout d'un coup et sans transition : et laissant là Sigor et sa fille, il s'écria avec vivacité :

— Quel est ce Cépion? Est-ce un homme avec lequel on puisse s'arranger raisonnablement?

— Je te conduirai à son camp; et si ce que tu as à lui proposer est raisonnable, tu le trouveras prêt à t'entendre. Mais revenons à Sigor. Ce que tu m'as dit sur son compte est plus vrai que tu ne penses. L'abandon de ses projets pourrait être facilement obtenu, mais une autre que ta fille arrivera à ce but; laisse-moi maître de ce soin, et je me charge du succès. Demain, je viendrai te chercher pour notre voyage ; trouve une excuse auprès de

Sigor; qu'il consente à demeurer un jour dans ta maison, et dès le lendemain il ne s'occupera plus de ton absence.

Manobal et Lentulus se séparèrent après cet entretien.

VIII.

Le lendemain, Lentulus arriva de bonne heure dans la maison de Manobal; et avant de parler au maître de la maison ou à sa fille Césonie, il chercha Dionée. Lorsqu'il l'eut trouvée, il l'emmena à une certaine distance de la maison. Il eut avec elle un long entretien, durant lequel on put remarquer qu'il employait successivement vis-à-vis de l'esclave la prière et la menace, et après lequel Dionée rentra dans la maison, portant sur sa physionomie un trouble où l'on voyait confondus ensemble les éclairs de la joie et l'accablement du désespoir. Ce jour-là aussi Lentulus apporta à Césonie le collier qu'il lui avait promis : c'étaient de petites monnaies d'argent enchâssées dans de l'or, comme en portaient alors les dames romaines. Il lui donna aussi un miroir d'acier poli, une longue épingle d'or, pour retenir ses cheveux, surmontée d'une statuette de Mercure précieusement travaillée, et des pendants d'oreilles représentant un aigle enlevant un jeune homme.

C'était plus qu'il n'en fallait pour servir de sauvegarde à la fidélité de Césonie, durant l'absence que devaient faire son père et son amant. Aussi ce fut les larmes aux yeux qu'elle les vit partir, et les instances par lesquelles elle les supplia de presser leur retour eussent paru peut-être trop vives si, tout en pensant à Lentulus, Césonie ne les eût adressées à son père. Sigor voulut quitter cette maison avec eux, mais Manobal, l'ayant tiré à l'écart, lui fit entendre qu'il n'accompagnait

Lentulus que par ordre des magistrats de Toulouse et pour mieux s'assurer de la véritable position des Romains; mais qu'il espérait le retrouver en sa maison après l'accomplissement de ce devoir, et qu'alors ils prendraient un parti.

— Peut-être Sigor ne se serait-il point laissé tromper à ces assurances; mais, sur un signe de Lentulus, Dionée s'approcha du guerrier gaulois et lui dit doucement :

— Je t'attends pour te conduire vers ces grandes pierres dont je t'ai parlé, que tu dis être un antique autel du premier dieu de ces contrées et que tu desires visiter.

Pendant que Sigor écoutait Dionée et s'apprêtait à lui répondre, Lentulus et Manobal, montés sur le même char, s'éloignèrent au galop de leurs chevaux; Césonie rentra dans la maison pour se parer des présents de Lentulus, et Sigor et Dionée demeurèrent seuls ensemble.

Jusqu'à ce moment le Barbare gaulois et l'esclave grecque avaient eu de fréquents entretiens; et bien qu'une journée fût à peine écoulée depuis qu'ils se connaissaient, une prompte confiance s'était établie entre eux; c'était celle de deux esprits et de deux cœurs qui se comprennent et qui s'isolent à deux, au milieu de natures qui leur sont complétement discordantes. Par un étrange contraste, cette confiance parut cesser, du moins de la part de Dionée, dès que Lentulus fut éloigné. Au lieu de continuer à parler à Sigor avec la familiarité qu'elle avait un instant auparavant, elle lui dit en baissant la tête et d'une voix altérée :

— Si tu veux me suivre, l'esclave de ton hôte est prête à te guider vers l'endroit que tu veux visiter.

Et, sans attendre la réponse de Sigor, elle marcha devant lui. Le Gaulois put voir qu'elle essuyait quelques larmes qui tombaient silencieusement de ses yeux. Sigor s'approcha de Dionée et lui dit, pendant qu'ils marchaient vers un ravin couvert d'arbres séculaires :

— Que t'a dit ce Romain, esclave de Manobal? a-t-il des ordres à te donner et ta joie ou ta douleur dépendent-elles de ses paroles?

— Les paroles de Lentulus ne peuvent jamais me donner de la joie, mais elles ont gardé le pouvoir de m'affliger. Quant aux ordres qu'il a pu me donner, ils m'importent peu. Si le maître qui est le plus fort a le droit de prescrire ses volontés, l'esclave pour qui la mort n'est pas un effroi a toujours le pouvoir de désobéir.

— Ne peux-tu me dire quels sont ces ordres, Dionée? ne peux-tu me dire jusqu'à quel point je dois haïr pour toi cet homme, que je hais déjà pour les miens? Ne peux-tu m'apprendre si je ne dois pas infliger quelque cruel supplice à ce Romain, à qui je n'ai encore juré que la mort?

Le visage de Sigor, pendant qu'il prononçait ces paroles, avait pris une expression farouche que Dionée ne lui avait pas encore vue. Elle se recula tandis que son regard laissait percer une reconnaissance et une admiration craintives pour la terrible protection qui lui était ainsi offerte.

Enfin, après un assez long silence de part et d'autre, Dionée répondit à Sigor :

— Peut-être plus tard te dirai-je les ordres de Lentulus, en ce moment je ne le puis pas et ne le veux pas; mais si, lorsque nous aurons visité les pierres druidiques de la forêt, tu veux savoir encore ce que m'a ordonné ce Romain, je te répondrai franchement. Alors tu auras consulté tes Dieux et je te dirai ce que j'aurai décidé moi-même; alors je saurai si je dois obéir ou résister; alors je saurai si je dois vivre ou mourir.

Après ces paroles, Dionée se mit à marcher rapidement, et Sigor la suivit.

Au moment où ils entrèrent dans la forêt, ils entendirent un grand bruit, et reconnurent qu'il provenait d'un certain nombre de chasseurs qui s'appelaient les uns les autres au moyen de cornets de terre qu'ils portaient pendus à leur ceinture. Le chemin qui conduisait aux pierres druidiques que Sigor voulait visiter passait à l'endroit du rendez-vous. Lorsque Dionée et Sigor y arrivèrent, les chasseurs avaient formé un grand rond au milieu duquel était un prêtre. Quoiqu'à cette époque les Gaulois eussent déjà élevé des temples à

Diane d'Ephèse sous le nom d'Artémis, ils avaient une déesse de la chasse qui leur était particulière, et c'est celle-ci qu'ils invoquaient dans ces circonstances.

Le prêtre qui était au milieu du cercle formé par les chasseurs portait un grand sac ; il fit le tour du cercle, et chacun des Gaulois jeta dans le sac du prêtre une quantité de monnaies égale au nombre des animaux qu'il avait tués durant l'année. Cette cérémonie achevée, la chasse commença, et Sigor et Dionée continuèrent leur route. Bientôt la chasse s'éloigna d'eux, et ils pénétrèrent, par des sentiers impraticables aux chevaux que montaient les chasseurs, dans une partie du bois qui semblait être abandonnée. Comme ils la traversaient, Sigor dit à la jeune fille :

— Sais-tu pourquoi ces hommes semblent éviter cet endroit ? Il doit être cependant plus qu'aucun autre fécond en gibier.

— Tu vas peut-être me l'expliquer, répondit Dionée, lorsque tu auras vu les choses remarquables que renferme cette partie de la forêt.

En effet, ils découvrirent bientôt un champ semé de monticules en forme de pyramides dont quelques-uns n'avaient pas moins de deux cents pieds de haut.

— Je comprends, dit Sigor à cet aspect, le sentiment qui éloigne les Gaulois d'un lieu pareil : il leur rappellerait trop vivement des vertus qu'ils ne cultivent plus. Ces tombes, car ce sont des tombes, ont été élevées à la mémoire des femmes qui ont volontairement suivi leurs époux dans la mort. Antrefois c'était une honte pour une veuve de choisir un nouvel époux après avoir perdu le premier; et c'était un honneur immortel pour elle de l'accompagner dans sa nouvelle vie ; c'est pour cela qu'on élevait des tombes magnifiques à ces femmes vertueuses.

— Oui, dit Dionée, après avoir écouté Sigor, c'est une chose juste que de mourir pour celui qui a vécu pour nous, lorsqu'on l'a choisi librement et qu'on s'est donnée librement à lui; mais lorsque la volonté d'un père, la force ou la nécessité ont livré une fille à un homme qu'elle hait, lui doit-elle le sacrifice de sa vie après lui avoir fait celui de son bonheur?

— C'est qu'autrefois une vierge gauloise n'épousait que celui qu'elle avait choisi. Quand l'âge de se marier était venu pour elle, son père assemblait dans sa maison tous ceux qui s'étaient déclarés les prétendants de sa fille; il les réunissait dans un festin, et là, en présence de tous, elle faisait hautement et librement son choix. Ainsi toute espérance s'éteignait dans le cœur de ceux qui n'avaient pas été choisis, parce qu'ils étaient bien assurés qu'ils n'étaient pas aimés.

— Et ces jeunes filles, reprit Dionée en regardant Sigor, osaient ainsi avouer leur amour, elles trouvaient des paroles pour en parler?

— Non, répondit Sigor, qui, tout entier au souvenir de ces mœurs qui lui rappelaient celles de son pays, ne comprit ni le regard ni la question de Dionée, non. Il suffisait que la jeune fille versât de l'eau dans une coupe et la présentât à celui qu'elle avait choisi. Mais toutes ces coutumes s'effacent peu à peu; chacune, en disparaissant, en entraîne beaucoup d'autres après elle; le jour où la liberté des jeunes filles a disparu, s'est abolie d'elle-même la loi qui punissait l'adultère par la mort; et, comme tu le disais tout à l'heure, on n'a pu raisonnablement leur demander d'accompagner dans la tombe celui qu'elles n'avaient pas volontairement accompagné dans la vie.

Sigor et Dionée eurent bientôt dépassé ce champ, et après une heure de marche, ils arrivèrent près du lit desséché d'un torrent. En le traversant Dionée fit remarquer encore à Sigor de larges pierres sur lesquelles étaient gravés des caractères étranges.

— Je ne puis t'expliquer, dit celui-ci, ce que veulent dire ces caractères, c'est le secret de nos druides, enfermé avec eux dans nos forêts et mort sans doute avec eux dans celle où nous sommes à présent.

— Non, ce secret n'est point mort, dit une voix grave qui parla à côté du jeune homme et de la jeune esclave.

Ils se retournèrent et aperçurent un vieillard couvert d'une robe déchirée, affaibli par l'âge et par la misère, et qui s'était levé du milieu de ces pierres, où il était solitairement assis. Il se pencha vers l'une des longues dalles qui étaient près de lui, et, montrant du doigt l'inscription qu'elle portait, il ajouta :

— « Ici se découvre le secret de la vie humaine. » Sur cette autre il y a : « La vie est courte, le temps n'est long qu'après la mort. » Sur celle-ci on a écrit : « Réjouis-toi et viens. » Ce sont des tombes, enfants, car la seule chose qui survive encore à nos lois et à nos mœurs, ce sont les tombeaux de nos pères.

— Qui es-tu donc, dit Sigor, toi qui as pu conserver si précieusement leur science, à travers les siècles qui ont détruit leurs antiques lois ?

— Je suis le dernier successeur de ceux qui ont reçu des prêtres dispersés par la tyrannie de nos rois les saints enseignements de la religion de Theutatès. Voilà bien long-temps que quelques hommes sont venus, dans ces montagnes, recueillir les saintes paroles de ces prêtres : après eux je me suis trouvé seul pour recueillir l'héritage qu'ils avaient recueilli et conservé. Mais hélas! dans toute cette folle jeunesse qui suit le culte des nouveaux dieux qu'a favorisés la négligence ou plutôt l'ambition de nos chefs, je n'ai pas trouvé d'esprit pour me comprendre, ni une oreille pour m'écouter. J'ai long-temps espéré, j'ai espéré vainement; maintenant que je sens que la force m'abandonne, je viens vers ceux qui ne sont pas venus vers moi. J'ai quitté la montagne que j'habite; j'ai marché durant deux jours, c'était déjà plus que je ne pouvais, j'avais attendu trop tard, la fatigue m'a surpris, et je me suis arrêté à cet endroit. Peut-être est-ce un avertissement du ciel qu'ici doivent mourir et rester ensevelis les secrets que je porte dans mon sein.

— Ne nous juges-tu pas dignes de les entendre? dit Sigor.

Le vieillard, pour la première fois, fixa les yeux sur le jeune guerrier; l'aspect de celui-ci sembla le frapper d'étonnement.

— Qui es-tu? s'écria-t-il, toi qui me rappelles l'image de nos guerriers, tels qu'ils sont représentés sur la pierre qui marquait autrefois le seuil de la forteresse de cette contrée?

Sigor expliqua en peu de paroles comment il était le descendant d'un de ces Celtes qui avaient quitté la patrie il y avait près de cinq siècles et qui avaient conservé, dans les solitudes de la forêt Hercinie, les habitudes et les lois qu'ils avaient emportées des bords de la Méditerranée. Le vieillard fut étonné de ce qu'il entendit, et lorsqu'il demanda à Sigor quelles étaient ces habitudes et ces lois, et que Sigor les lui dépeignit telles que nous avons essayé de les faire connaître dans notre premier récit, il secoua lentement la tête.

— Oh! je le vois, je le vois, ceux qui nous suivent ne sont pas plus coupables que nous, et nous ne sommes pas plus coupables que ceux qui nous ont précédés. Nous avons marche par des voies lentes, mais non interrompues, à l'oubli de notre première simplicité et au luxe qui corrompt aujourd'hui les hommes. Depuis l'époque dont tu me parles jusqu'à aujourd'hui, que de changements se sont accomplis. Ce n'est plus seulement sur leur bouclier et pour aller combattre que les Gaulois traversent les fleuves, ils construisent de vastes bateaux et les font marcher à l'aide de peaux légères qui reçoivent le souffle des vents et qui vont porter au loin une part de nos richesses et en rapportent de nouvelles. Ils ne se contentent plus depuis long-temps des produits de leur chasse du jour et des fruits que la nature leur donne au hasard ; ils font venir des pays lointains des viandes qu'ils conservent au moyen du sel qu'ils ont appris à extraire de l'eau de la mer. Les Phocéens leur ont enseigné l'art de faire le pain et de donner une maturité avancée aux fruits en les couvrant d'une poussière noire; et, en retour, nous avons enseigné à ces étrangers à monter leur charrue sur des roues, à purifier le grain au moyen de cribles ; ils ont appris de nous la manière de travailler le verre, de peindre les étoffes des plus vives couleurs et de donner au cuivre et à l'étain l'éclat de l'or ; car depuis long-temps les vases d'argile étaient inconnus au luxe déjà insolent de nos pères, et leur vanité avait trouvé le moyen de faire mentir les métaux. Depuis longtemps aussi les simples vêtements d'autrefois ne nous suffisaient plus ; ils garantissaient mal des hommes qui n'avaient plus ni force ni courage : aussi ont-ils inventé des toiles si serrées qu'elles résistent au tranchant de l'acier, et des étoffes si épaisses que le froid ne peut pénétrer à travers leur tissu feutré. Nos enfants font ce que nous avons fait et ce qu'ont fait nos pères, ils ont dédaigné nos mœurs, comme nous avons dédaigné celles de nos ancêtres, et le châtiment est juste.

— Il n'en n'a pas été de même parmi nous, répondit Sigor : ce que vénéraient nos pères, nous le vénérons encore, nous avons gardé leur simplicité, et avec leur simplicité leur courage. Dis-moi donc le secret que personne ne se présente pour recueillir de toi.

— Si ce que tu viens de me dire est vrai, jeune homme, si l'antique Gaule est réfugiée dans les forêts de la Germanie, elle en reviendra comme elle y est allée : vous n'avez pas seulement hérité, je suppose, des vertus paisibles de nos ancêtres ; l'amour de la gloire et l'esprit des conquêtes doit vous animer encore : eh bien, si vous avez fidèlement recueilli cet héritage, je vous prédis que c'est là le trésor de la grandeur future de notre nation. Conservez-le, et le monde retrouvera dans ces contrés éloignées le secret de notre religion, qui va mourir ici avec moi.

— Veux-tu, dit Sigor, que nous t'accompagnions vers ta demeure? Veux-tu que nous te conduisions dans une ville où tu pourras recevoir aisément les secours des hommes?

— C'est inutile, dit le vieillard, ou je retrouverai assez de forces pour retourner moi-même dans la cabane que j'habite, ou Theutates, en me les refusant, m'aura suffisamment averti que j'ai rencontré ma dernière demeure. Cependant je puis accepter un dernier service de toi. Va jusque dans la forêt, tâche d'y découvrir quelques fruits sauvages, et si tu veux me les apporter je rendrai témoignage dans le monde où je vais que tu as secouru un vieillard et prêté appui à sa faiblesse.

Sigor dit à Dionée de rester auprès du vieux druide pour veiller sur lui, tandis qu'il allait exécuter ce qu'il lui avait demandé. Le guerrier s'éloigna rapidement, et le vieillard tomba dans une sombre méditation. Son visage s'assombrit peu à peu, sa respiration devint plus pénible, et son corps commença à trembler. Dionée, épouvantée de ce subit changement, et croyant que la dernière heure de cet homme approchait, lui dit avec terreur :

— Qu'éprouves-tu ? veux-tu que j'appelle Sigor ? veux-tu qu'il revienne ?

— Non, répondit le druide, je ne souffre pas, mais je sens l'orage qui approche, la foudre est suspendue dans l'air et je l'entends déjà qui court à pas sourds comme les chiens du combat rôdent furtivement dans le naut sacré pour y chercher des victimes.

Dionée regarda et écouta. Le ciel était pur et silencieux, il n'y avait d'orage que dans le sein du vieillard ; elle le crut du moins, car elle ne possédait pas comme lui ce sens exquis de perception que la civilisation détruit aisément ; mais qui, dans les hommes qui ont mené leur vie dans les forêts leur fait pressentir les révolutions atmosphériques bien long-temps avant qu'elles ne se manifestent à l'obtusité de nos sens.

— Non, dit-elle, tu te trompes, rien n'annonce l'orage, et Jupiter ne prépare point ses foudres.

A ce mot de Jupiter, le druide attacha sur la jeune fille un regard ardent, comme celui d'un limier qui rencontre une voie ; il balança la tête autour de lui comme pour s'assurer de la solitude où il se trouvait. Étendant alors son bras décharné sur l'épaule de la jeune fille il lui dit d'une voix sourde :

— Les enfants de la Gaule, tout dégénérés qu'ils sont, ne jurent point par Jupiter ; tu es étrangère, jeune fille.

— Je suis née dans la Grèce, répondit Dionée.

Le vieillard sourit tristement et continua :

— Les filles de la Grèce voyagent-elles ainsi librement, avec un Gaulois, dans nos sauvages contrées ?

— Je suis esclave, répondit Dionée.

—Esclave et étrangère, dit le vieillard, qui parut frappé d'une idée soudaine ; esclave et étrangère, répéta-t-il en retenant Dionée avec force, tandis qu'elle cherchait à se dégager de la main qui l'avait saisie et du regard féroce qui la fascinait; le dernier vœu, fait par le dernier homme qui s'est voué à Theutatès sera donc accompli, et le dernier sacrifice qu'il recevra sur cette terre lui sera donc offert par ma main mourante.

Dionée poussa un cri de terreur en entendant ces paroles du vieux druide, mais elle ne put échapper à la main vigoureuse qui la tenait; et pendant qu'elle se débattait en vain, le vieillard, les yeux levés vers le ciel, semblait y regarder un spectacle qui n'était visible que pour lui.

— Il vient, il vient, disait-il, il vient sur les nuages et parmi la foudre, pour recevoir le sang qui manque depuis longtemps à sa bouche altérée. Vois comme les ailes immenses de ses corbeaux s'étendent sur le ciel, et comme le fauve regard de leurs prunelles l'éclaire coup sur coup.

En effet, l'orage pressenti par le druide montait rapidement des montagnes dans le ciel, et descendait plus rapidement encore du ciel dans les vallées. La foudre grondait en haut, les vents sifflaient au milieu, et déjà les clapotements de la pluie se faisaient entendre sur les ruisseaux, dont elle allait faire bientôt des torrents.

— Sigor ! Sigor ! s'écriait la jeune fille.

— Il ne viendra pas, et il ne peut venir, Theutatès l'aveuglera de ses regards et l'étourdira de sa voix.

— Sigor ! Sigor ! criait Dionée, dont la voix perçait les bruits encore sourds de l'orage.

— Il ne viendra pas, te dis-je, car le sacrifice est juste. Fille des dieux qui ont exilé nos dieux, tu vas mourir pour satisfaire notre culte; s'il n'y a ici ni pierre Césée ni dolmen (1), il importe peu, ce n'est pas l'autel qui fait le sacrifice, c'est la victime. Silence donc, car tes cris ne feront venir plus rapidement que la mort.

—Sigor ! Sigor ! répétait la voix désespérée de Dionée. Mais rien ne lui répondait. Elle se débattait cependant en poussant des cris aigus. Le vieillard tira de son sein une faucille qui était cachée sous sa tunique, et l'élevant d'une main vers le ciel, tandis que de l'autre il retenait Dionée, il s'écria d'une voix puissante

(1) Autel gaulois.

qui frappant l'orage, sembla y réveiller un écho terrible qui répondit par de longs éclats de foudre.

—Voici l'heure. L'autel de Theutatès, longtemps sevré du sang des victimes, va s'en repaître une dernière fois. Le dieu est monté sur son char; il va vers les lieux où son image est vénérée, mais la route est longue et il faut qu'il abreuve ses chevaux pour qu'ils la parcourent. Voici le breuvage et la nourriture qui leur manquent depuis si long-temps. Allez, allez, coursiers aux crins de feu, c'est le dernier repas qui vous sera servi dans la terre des Tectosages.

Le druide leva alors la faucille sur la tête de Dionée qui jeta dans l'air un dernier cri de Sigor! en tombant à genoux. Rien ne répondit; mais un sifflement aigu se fit entendre au-dessus de la tête de Dionée; la main qui la tenait s'ouvrit convulsivement, la faucille tomba et résonna sur la pierre des tombes; le vieillard chancela et s'abattit comme un vieil arbre coupé dans sa racine, et se fracassa la tête à l'angle d'une pierre.

Dionée demeura muette et immobile d'épouvante, et bientôt elle vit accourir Sigor bondissant de pierre en pierre : c'était lui qui, profitant du moment ou Dionée à genoux avait laissé à découvert la poitrine du druide, l'avait frappé de sa framée.

L'esclave se jeta toute temblante dans les bras du Gaulois, et considéra ce vieillard étendu sur la pierre, et dont les derniers soupirs s'exhalaient en sifflant dans sa gorge. Sigor voulut s'approcher du druide pour retirer de la blessure l'arme qu'il avait lancée contre lui.

— Non, dit celui-ci, laisse ce fer dans ma poitrine, afin que, lorsque je paraîtrai devant Theutatès, il voie que son dernier prêtre a été tué avec la framée qu'il avait donnée aux Gaulois pour conquérir le monde. Je lui dirai aussi que c'est pour le salut d'une esclave qu'un Gaulois libre a commis ce crime.

Sigor, qui tenait Dionée dans un de ses bras, la laissa échapper à ces paroles du vieillard qui le frappèrent au cœur, comme avait fait le druide quand il avait été mortellement atteint; l'esclave jeta sur lui un regard désespéré, mais Sigor détourna la tête. Ce que n'avaient pas fait les menaces de la mort, ce que n'avait pas fait le fer levé sur sa tête, cet abandon de Sigor, épouvanté du forfait qu'il venait de commettre, le produisit sur la malheureuse Dionée. Le courage et la force l'abandonnèrent en même temps, et elle tomba évanouie aux pieds du guerrier.

Cependant les torrents de pluie qui étaient descendus du ciel commençaient à descendre des collines et à se réunir dans le lit qu'ils s'étaient creusé dans la vallée, et où se trouvait Sigor à côté du vieillard mort et de la jeune fille évanouie. Mais le guerrier ne sentait pas ses pieds déjà baignés par les premiers flots du torrent, et il regardait, pour ainsi dire sans les voir, les noirs cheveux de Dionée que l'eau soulevait et faisait flotter autour de sa tête, et la tête blanche du druide, que le flot lavait du sang qui la teignait; il y avait dans l'ame de Sigor un orage non moins violent que celui qui grondait sur sa tête; il lui semblait qu'en regardant ces deux visages pâles gisant à ses pieds, il mesurât sa destinée. Le druide mort et tué par lui, c'était sa religion, sa patrie, ses serments qu'il venait de jeter ainsi à terre. Cette jeune fille évanouie, et qu'il pouvait aisément rappeler à l'existence, c'était comme une nouvelle vie à prendre, une autre patrie et d'autres serments.

Ces confuses pensées qui s'agitaient dans le cœur de Sigor le tenaient immobile à sa place. Cependant les flots plus pressés descendirent de la montagne, et en passant rapidement sur le corps de Dionée, ils jetèrent un pan de sa robe sur le visage du druide. Il sembla que ce fût l'oubli qui s'étendait sur le passé. Sigor ne vit plus que le visage de Dionée.

Les eaux grandissaient, et leur murmure avec elles; l'esclave, ranimée par leur fraîcheur, fit un léger mouvement, mais elle n'eut pas la force de se relever, et sa voix murmura seulement le nom de Sigor. A peine l'eut-elle prononcé que les flots, qui s'amoncelaient peu à peu, arrivèrent avec violence et couvrirent à la fois les deux corps; Sigor ne vit plus rien, mais une main passa au-dessus des flots : Sigor la saisit et enleva Dionée dans ses bras. A ce moment, toute incertitude avait cessé dans l'ame du Gaulois; il n'y avait plus pour lui que Dionée qu'il voulait sauver, que Dionée, qui était sa vie, car à l'instant où il l'avait vue disparaître sous les flots, il s'était senti mourir; au moment où cette main s'était agitée devant lui, il lui avait semblé que la vie l'appelait; c'était sa dernière espérance qui avait surnagé.

Le puissant guerrier, tenant cette jeune fille dans ses bras, s'élança vers le rivage; mais déjà il avait laissé croître le torrent à une telle hauteur que c'était avec peine qu'il pouvait en soutenir le choc; il luttait cependant, et Dionée, qui était tout-à-fait revenue à elle-même, se pressait avec effroi contre le guerrier.

Celui-ci, se raidissant contre l'effort du torrent, approchait lentement du rivage; les flots avaient atteint sa poitrine, et l'avaient déjà fait chanceler plusieurs fois sur les pierres glissantes où il était obligé de marcher, et à chaque fois, emporté par un mouvement aveugle, il avait levé le bras et frappé le torrent du poing, comme s'il eût voulu abattre un ennemi. On voyait qu'il y avait dans l'esprit de cet homme une lutte engagée au-delà de celle qui se passait entre lui et les flots. Il défiait son dieu, qu'il venait d'outrager ; il le frappait avec mépris, comme pour l'exciter au combat ; et ce sentiment s'exalta à tel point dans l'âme de Sigor, qu'il tira son épée et l'étendit comme un sceptre sur ces flots bouillonnants. L'orage grondait dans toute sa force ; le torrent montait toujours, mais la volonté et le courage de Sigor montaient avec lui.

Cependant il lui eût été impossible de gagner le rivage et il eût été bientôt entraîné avec le cadavre qu'il avait laissé derrière lui, s'il n'avait trouvé, au milieu du torrent même, une pierre plus élevée que les autres, et dont les eaux atteignaient à peine le sommet. C'était ce que les Gaulois appelaient un dolmen, une espèce de pierre carrée qui leur servait aux sacrifices des funérailles, et qu'on rencontre souvent dans le lit des rivières, parceque c'était une coutume aussi des Gaulois de faire passer les eaux d'un fleuve sur le tombeau de leur chef, afin qu'aucune main sacrilége ne pût découvrir et troubler leurs cendres.

Sigor monta donc sur cette pierre, et là, debout, l'épée nue à la main au-dessus des flots qui grondaient autour de lui, au-dessous de l'orage qui mugissait sur sa tête, il demeura silencieux et menaçant, le regard attaché sur le ciel, qu'il semblait braver, tandis que Dionée, appuyée sur lui, contemplait avec amour cette belle et sauvage figure qui la dominait.

Bientôt l'orage cessa, et le torrent qu'il avait formé disparut aussi rapidement qu'il avait grandi; puis, quand tout fut calme autour d'eux, Dionée redevint tremblante en se trouvant seule avec Sigor.

Celui-ci gardait le silence, son courage aussi était tombé avec le danger.

— Eh bien! lui dit doucement Dionée, veux-tu que nous allions jusqu'à la pierre césée qui est au milieu de la forêt?

— Cela est inutile; maintenant, je n'ai plus rien à demander à nos dieux, ni présages ni conseils. Retournons à la maison de Manobal, on pourrait y être surpris de notre longue absence.

Dionée baissa la tête, et tous deux regagnèrent silencieusement la forêt qu'ils avaient quittée, et reprirent ensemble la route qu'ils avaient parcourue.

Cependant, le jour était prêt à finir, les rayons du soleil couchant se réfléchissaient sur les gouttes de pluie qui pendaient encore aux feuilles de la forêt. L'ombre gagnait rapidement la terre; et Sigor ainsi que Dionée étaient tellement préoccupés des nouvelles pensées qu'ils rapportaient en eux, qu'ils ne s'aperçurent pas qu'ils s'écartaient de la route qui devait les conduire à la maison de Manobal. Ils errèrent long-temps sans pouvoir retrouver le sentier qu'ils avaient perdu; et, quand la nuit fut tout-à-fait venue, ils désespérèrent tous deux de regagner avant le jour le lieu d'où ils étaient partis. Ils se décidèrent donc à passer la nuit à l'endroit où ils se trouvaient.

Sigor, qui, selon la coutume des Gaulois mar-

chait toujours avec ses armes, eut bientôt
abattu quelques fortes branches des arbres
voisins; il les planta en terre, attacha sa saie
à leur sommet et en fit une espèce de tente
sous laquelle il s'assit ayant l'esclave à ses
côtés. La lune se leva bientôt, et quelques-uns
de ses rayons perçant le feuillage pénétrèrent
jusqu'à Dionée et éclairèrent son visage, qu'a-
vaient pâli le froid et la fatigue. La jeune
esclave, couchée sur la terre humide, s'était
repliée sur elle-même pour rappeler un peu
de chaleur dans ses membres épuisés. Sigor la
regardait en silence : une pitié hautaine perçait
malgré lui sur son visage. Dionée, de son côté,
le regardait avec crainte et lui disait :

— Tu me méprises, Sigor! Tu te rappelles les
femmes de ton pays, si fortes et si courageuses;
tu te dis que ce n'est point ainsi qu'elles sup-
portent la fatigue, que ce n'est pas ainsi qu'elles
se montrent dignes du guerrier qu'elles ac-
compagnent; une autre eût déjà allumé pour
toi le feu qui doit réchauffer tes membres, et
recueilli les fruits qui doivent apaiser ta faim.

— Laisse aux femmes de nos contrées,

répondit Sigor, ces sauvages vertus, qui s'allieraient aussi mal à ta frêle beauté que la douceur de ta voix et la grâce de tes mouvements s'allieraient mal à leur forte stature ; mais tu as faim et tu as soif sans doute? attends un moment.

Bientôt Sigor, frappant le fer de son épée contre le silex de sa hache, obtint du feu avec des feuilles qu'il parvint à sécher en les pressant entre sa tunique et sa poitrine ; bientôt encore il apporta près de Dionée des fruits qu'il avait cueillis sur un pommier sauvage et quelques oiseaux qu'il avait surpris dans leurs nids. Il les dépouilla de leurs plumes, les fit cuire sur le brasier qu'il avait allumé, et les servit lui-même à Dionée.

Ainsi cet homme s'imposait pour une esclave étrangère des soins qu'il n'eût pas osé demander même à un esclave étranger, si cet esclave eût été un homme : car les femmes seules en étaient chargées dans son pays, tant on y plaçait haut l'emploi que l'homme doit faire de sa force.

Dionée le savait; elle regardait son triomphe

sur cette nature barbare, et cependant elle avait peur de ce triomphe. Un mot, un souvenir pouvait rappeler à Sigor ce qu'il était et pourquoi il était venu, et peut-être le guerrier, honteux de ce qu'il avait fait, n'eût pas laissé vivre un témoin de son parjure et de son abaissement. Elle se taisait donc; enfin Sigor lui dit :

— Dans quelques heures nous pourrons reprendre notre marche; veux-tu retourner à la maison de Manobal?

— Où veux-tu que j'aille? répondit Dionée.

— Tu as raison, reprit Sigor, la vie de nos forêts ne peut te convenir; et si moi-même je me sens assez de force dans le corps pour la supporter, je ne me sens plus assez de courage dans le cœur pour m'asservir à ces rudes privations.

Dionée regarda Sigor avec étonnement: elle n'osait croire au sens caché des paroles qu'elle entendait. Sigor était retombé dans son silence; il le rompit brusquement une seconde fois, et dit à l'esclave :

— Maintenant, Dionée, veux-tu m'apprendre quels sont les ordres que tu as reçus de Leutulus?

A cette question Dionée demeura interdite et baissa les yeux. Sigor répéta ses paroles, et la jeune fille répondit en détournant la tête :

— Lentulus craignait que la fille de Manobal ne te préférât à lui.

— Et il t'a ordonné, n'est-ce pas, de faire en sorte que je te préférasse à elle?

— Les dieux me sont témoins, reprit Dionée, que je n'ai rien fait pour cela.

—Ah! s'écria Sigor en se levant soudainement, ce Romain a osé t'ordonner de disposer de moi comme d'un hochet avec lequel on fait jouer un enfant; il s'est imaginé que tu ferais parler mon coeur comme tu fais parler les cordes de ta lyre ; mais, par Theutatès, il en a menti.

—Ne jure pas par ce dieu de sang, que tu viens de braver.

— Et surtout ne jure pas pour faire un mensonge, veux-tu dire, esclave! car tu vois qu'il a raison, car tu vois que je t'aime, car tu as fasciné mon cœur, et il n'a pas menti : tu lui as bien obéi.

— Oh! pas ainsi, Sigor, s'écria Dionée en s'élançant vers le guerrier : les paroles de Lentulus n'ont point germé dans mon cœur; je t'ai suivi et accompagné, parce que tu me l'as demandé; et depuis que je te connais, je n'ai point pensé à te plaire, mais à t'aimer.

Puis Dionée resta immobile la tête appuyée sur le bras de Sigor, qui la regardait en semblant chercher sur son visage sa véritable pensée : mais bientôt ce regard devint triste; il descendit lentement du front de Dionée jusqu'à sa main, et alors Sigor, lui montrant du doigt un bracelet qui y était attaché en signe d'esclavage, il lui dit :

— Y a-t-il une pensée libre dans celle dont le corps et la vie appartiennent à un maître?

A son tour la jeune fille posa le doigt sur le collier de fer qui entourait le cou de Sigor, et lui répondit :

— Y a-t-il une volonté libre dans celui qui s'est voué à accomplir des choses devenues impossibles?

Cette parole de Dionée, au lieu de frapper Sigor, comme un reproche, sembla plutôt l'éclairer.

— Tu as raison, répondit-il, elles sont devenues impossibles. Avec les hommes que j'ai rencontrés, je n'accomplirai point les desseins que j'avais apportés de ma patrie.

— Y retourneras-tu donc, pour montrer que Sigor n'a pas fait ce qu'il a voulu?

— Non, répondit le Gaulois, je garderai toujours au cou cette preuve de mon impuissance, car nos druides possèdent seuls l'herbe miraculeuse qui rompt le fer; et toi tu garderas toujours, à la main, cette preuve de ton esclavage, car tu dépends d'un maître qui ne les brisera jamais.

— Mais moi, dit Dionée, je possède l'instrument d'acier qui dévore le fer. Quand je le voudrai, cet anneau tombera; quand tu le voudras, je te dégagerai de ce collier.

— Et dans quel lieu, répondit Sigor, est ce merveilleux instrument?

— Je l'ai caché, dit Dionée en baissant les yeux, dans le lit ou je repose la nuit, sous le toit de Manobal. Ma liberté dort, pour ainsi dire à côté de moi ; je n'attends qu'une heure propice pour l'éveiller.

— Veux-tu que ce soit la même pour tous deux ? dit Sigor.

— Si, lorsque nous serons retournés à la maison de Manobal, tu me fais la même question, je te répondrai.

Ainsi devait se briser, pour la jeune fille, l'esclavage honteux où le sort l'avait jetée ; ainsi devait se briser, pour le guerrier, le noble esclavage qu'il s'était imposé, l'un descendant où l'autre s'élevait : la femme devenant libre par sa beauté et sa faiblesse, l'homme devenant esclave par ses passions; Dionée figurant, pour ainsi dire, la séduction du monde vaincu ployant à sa taille la hauteur de celui qui eût dû le vaincre.

IV.

Pendant ce temps, Manobal, accompagné de Lentulus, était arrivé au camp de Cépion; le Gaulois fut reçu avec distinction ; des habits magnifiques lui furent offerts à la place des siens, et un repas splendide lui fut donné par le consul. Lorsque les convives se furent retirés et qu'il ne restait plus dans la tente que Cépion, Manobal et Lentulus, la cordialité qui avait régné pendant le repas disparut, chacun devenant plus froid, se renferma dans le silence, mesura ses interlocuteurs d'un œil soupçonneux et affecta un air d'indifférence qui était bien loin de lui. Ces trois personnes étaient semblables à ces guerriers celtes qui, venus chez l'un d'eux pour une explication importante, déposaient leurs armes à côté d'eux pour prendre part au festin, et qui, lorsqu'on avait servi les derniers mets, voyant s'approcher l'heure de la discussion, ramenaient doucement à leur portée leurs armes dispersées, reprenaient leur épée et leur bouclier, examinaient leur arc et leurs flèches, sans paraître y attacher aucune importance.

De même Manobal et Cépion, après avoir attendu que chacun d'eux entamât la conversation, feignirent tous les deux de n'avoir rien à se dire, et, se couchant tout-à-fait sur le lit où ils étaient placés, ils parurent tous deux s'endormir d'un profond sommeil. Lentulus les observait avec attention et remarqua que chacun des deux dormeurs ouvrait un œil de temps en temps, pour observer son adversaire. D'abord le jeune Romain se sentit pris de l'envie de rire en voyant ce manége ; mais comme il continuait trop long-temps, Lentulus se décida à le faire cesser. Pour cela il n'eut recours à aucun moyen extraordinaire, il ne fit aucun bruit, et n'adressa ni menace ni prière aux deux dormeurs ; il sortit de la tente avec une excessive précaution, comme s'il eût craint de troubler leur repos ; et à peine le rideau qui la fermait, et derrière lequel il se cacha, fut-il tombé, que Cépion et Manobal se levèrent soudainement sur leur séant. Cépion le premier s'écria :

— J'ai cru que ce jeune fou ne sortirait jamais.

Manobal lui répondit :

— Je l'avais pourtant prié de nous laisser seuls.

Sans doute, ce n'était pas la honte qu'ils eussent éprouvée tous deux à montrer leur ame à découvert devant Lentulus, qui les avait empêchés de parler en sa présence ; pour l'avoir éloigné il fallait qu'ils eussent à discuter des intérêts particuliers qu'ils ne voulaient pas lui faire connaître, mais que Lentulus avait de bonnes raisons pour vouloir apprendre. Ce ne fut donc que lorsqu'ils se crurent en mesure de parler librement que commença l'entretien suivant.

— Lentulus m'a appris que tu pouvais remettre Toulouse en notre puissance, dit Cépion.

— Toulouse n'a jamais été en votre puissance ; elle a seulement reçu dans son sein une garnison romaine pour l'aider à se défendre contre les Cimbres ; tout ce que je puis, c'est de faire rendre la liberté à votre garnison.

Cépion parut étonné et répondit :

— C'est sans doute beaucoup pour nous ; mais il me semble que c'est bien peu de chose pour toi. Je n'attendais pas de Manobal un plus grand service, mais je lui croyais un plus grand pouvoir.

— Ce pouvoir est assez grand, puisqu'il me permet de faire tout ce que désire le consul Cépion.

Le Romain laissa percer un mouvement de dépit et répliqua :

— L'homme prudent ne désire que ce qui est possible.

— Tout est possible pour l'homme prudent, repartit Manobal.

A cette parole, Cépion quitta le lit sur lequel il était assis, et alla se placer à côté du Gaulois et lui parla d'une voix si basse que Lentulus eut beaucoup de peine à saisir ses paroles.

— Je pourrais donc augmenter la garnison de Toulouse?

Manobal fit un signe de tête affirmatif.

— Et comme je ne voudrais pas, continua Cépion, que nos soldats fussent à la charge de la cité, vous pourriez trouver autour de la ville quelques terres incultes qu'on leur céderait pour qu'ils les cultivassent?

— Cela se peut, dit Manobal.

— Eh bien! reprit Cépion, écrivons sur le champ le traité qui doit lier les deux nations.

Aussitôt il plaça lui-même sur la table un morceau de parchemin roulé, qui portait pour cette cause le nom de *volumen*, et un *scrinium* composé de deux tubes juxtaposés, dont l'un contenait l'encre et l'autre les plumes nécessaires pour écrire, car le *style* n'était en usage que pour les tablettes.

Il se mettait déjà en devoir de rédiger ses premières conditions, lorsque le Gaulois l'arrêta en lui disant :

— Pourquoi écris-tu un traité fait entre deux peuples égaux avec les caractères de ton langage ?

— C'est que je ne saurais comment l'écrire en caractères gaulois, attendu qu'il n'en a jamais existé, et que je ne sache pas que le souvenir de leur propre histoire leur ait été autrement transmis que par les chants de vos bardes qui se les apprenaient de génération en génération.

— Il est vrai, répondit Manobal; et peut-être, si ces caractères existaient, ne voudriez-vous pas qu'ils servissent à un traité pareil à celui que nous allons faire. Choisir la langue de l'un des deux peuples qui contractent, c'est donner à l'un des deux un privilége que l'autre ne peut accepter. Il y a entre nous une langue neutre, que les Gaulois et les Romains parlent et écrivent également, et qui servira à notre traité. C'est la langue grecque : veux-tu l'accepter ?

— Quand la bonne foi dicte les conditions, répondit Cépion, la langue dans laquelle elles sont écrites est assez indifférente.

— Tu as raison ; mais la mauvaise foi peut vouloir démentir plus tard ce que la bonne foi dicte aujourd'hui, et il ne faut pas que l'un des deux peuples que nous représentons puisse être un jour victime de l'ambiguité des termes qu'il ne comprendrait pas bien.

Après la défaite de Mollius, vaincu par les Cimbres, sur les bords du Rhône, Cépion avait été nommé gouverneur de cette partie de la Gaule que les Romains avaient conquise sur les Volces, et qui comprenait tout le pays enfermé entre les Alpes Cossiennes et le Rhône. Parti de Rome depuis quelques mois, il s'était imaginé qu'il allait dans un pays où l'esprit des habitants était encore plus inculte que leurs mœurs ; et parceque les Gaulois ignoraient les arts de Rome, les Romains s'imaginaient qu'ils ignoraient les intérêts de la Gaule.

Cette erreur des peuples civilisés envers les peuples qu'ils appellent barbares a toujours existé et existe encore : et toutes les fois que les premiers voient ceux-ci déployer dans leurs affaires une finesse qu'ils ne leur supposaient pas, ils sont frappés d'étonnement.

Cépion vit donc qu'il ne tromperait pas Manobal avec autant de facilité qu'il avait cru, et il enveloppa ses propositions de nouveaux ménagements. D'abord ils inscrivirent en tête du traité le nom des contractants, sauf la ratification du sénat pour Cépion, et de l'assemblée générale des Tectosages pour Manobal.

Le premier article de ce traité portait que les Romains formaient alliance avec les Gaulois pour la défense des deux peuples contre les invasions des Barbares, et particulièrement contre l'invasion des Cimbres.

Il était dit ensuite que, pour donner à cette alliance des résultats utiles, un certain nombre de troupes romaines stationneraient dans le territoire des Gaules, plus à portée d'être attaqué à l'improviste. Quelques-unes de ces troupes devaient tenir garnison dans les villes gauloises ; les autres sur des terres qu'il leur serait permis de cultiver.

Après qu'ils eurent rédigé la première condition, qui concédait aux Romains un certain nombre de terres, le pays de Narbonne fut choisi comme le plus convenable pour cette concession. Cépion reprit ensuite la parole :

— Les Romains ne veulent, en aucune façon, dit-il, s'immiscer dans le gouvernement des peuples avec lesquels ils font alliance; ils savent que le premier besoin d'un peuple est de garder ses mœurs et ses lois : tu ne seras donc pas étonné si nous demandons que nos colons emportent avec eux les mœurs et les lois de Rome.

— Quelles seront ces lois et ces mœurs ?

— La colonie se gouvernera par elle-même; elle aura son sénat et son peuple, qui auront le pouvoir de faire des lois et d'élire leurs magistrats. Ce conseil portera le nom de curia, et les magistrats s'appelleront décurions. L'administration sera confiée à deux magistrats supérieurs, appelés duumvirs ; et, comme il est nécessaire qu'un pareil pouvoir ne soit confié qu'à des hommes mûris par l'âge, il faudra qu'un citoyen ait atteint l'âge de quarante-trois ans pour obtenir une charge si importante.

— Comme ceci ne regarde que vous, dit Manobal, je n'ai rien à objecter à ces conditions. Est-ce tout ce que vous demandez?

— Tu sais qu'un des plus cruels chagrins d'un homme c'est d'être éloigné de sa patrie : tu trouveras donc juste que nous cherchions autant que possible à la rappeler à nos concitoyens exilés. Nous leur construirons un capitole, un amphithéâtre, des temples, des cirques, un marché, enfin tout ce qui pourra leur faire croire qu'ils n'ont pas quitté Rome.

— Ceci me paraît encore juste, et j'y consens. Mais que nous accorderez-vous pour avoir le droit de venir ainsi planter vos villes et vos mœurs au milieu de nous?

Cépion demeura un moment sans répondre à cette question, et finit par dire :

— Nous vous rendrons exactement tout ce que vous nous accorderez, et vous serez dans Rome ce que nous sommes dans la Gaule.

— Nous pourrons donc aussi aller établir nos colonies dans le Latium, et y emporter avec nous nos mœurs et nos lois?

— Non, dit Cépion, nous n'échangerons pas la civilisation contre la barbarie, mais nous donnerons tous les avantages de la loi romaine à ceux qui voudront s'y soumettre. Ainsi les Gaulois qui s'associeront à nos soldats pour peupler une ville deviendront citoyens romains : ils auront droit de suffrage à Rome, et pourront aspirer aux premières charges de la république lorsqu'ils auront obtenu déjà, dans leur ville, les charges d'édile ou de questeur.

— C'est-à-dire que tu nous proposes de cesser d'être Gaulois pour devenir Romains. N'écris point cette condition. On impose de pareilles choses, mais on ne les consent pas. Le temps seul pourra amener le résultat que tu veux obtenir si nos frères trouvent meilleure la condition de vos peuples que la leur.

— Cependant, reprit Cépion, le bien n'en est pas moins le bien, de quelque manière qu'il vienne.

— Tu connais mal les Gaulois, Romain ! Ils s'accommoderont à vos mœurs et à vos lois, parce qu'ils croiront le faire de leur propre mouvement ; mais ils chasseraient vos magistrats et vos prêtres s'ils supposaient un moment qu'il faudra leur obéir.

Cépion feignit de ne pas entendre, et continua :

— De même que nos mœurs, notre religion suivra nos citoyens dans leur colonie : et, certes, ce sera un grand bienfait pour vous si l'exemple vous profite et si la douceur de notre culte vous faisait renoncer aux sacrifices humains que vous offrez à vos dieux.

— Je ne sais s'il est plus humain de faire combattre des hommes dans un cirque que de les immoler sur un autel ; je ne sais si le peuple est une divinité si puissante qu'il faille lui offrir des sacrifices que vous trouvez barbares parce que nous les adressons à nos dieux. Garde-toi donc de parler de cela devant nos peuples, et laisse à chacun la liberté que tu réclames pour les tiens.

— Comme il te plaira. Cependant il me

semble, ajouta Cépion, en observant attentivement le visage de Manobal, il me semble que ce n'est pas toujours avec le sang des hommes que vous honorez vos divinités : et, si je ne me trompe, le temple d'Apollon, à Toulouse, est riche des trésors que les Gaulois ont voués à leurs dieux depuis longues années.

— On t'a bien informé, répliqua Manobal d'un air indifférent : et quand tu seras maître de la ville de Toulouse, tu pourras t'en assurer par toi-même.

Le Romain comprit aisément ce que voulait dire Manobal; et, répondant par une offre non moins directe à celle qui lui avait été faite, il répondit :

— Mais toi, Manobal, quelle sera ta récompense en tout ceci ?

— Moi, reprit le Gaulois avec une humilité singulière, tu sais que je suis un pauvre pêcheur qui ai gagné quelque argent en affermant la pêche d'une partie des étangs de la province, et particulièrement de celui de Lates (1); je ne

---

(1) Voici comment Pline raconte cette singulière pêche. Il y a, dit cet auteur, dans la province narbonnaise et dans le territoire de Nîmes

demande qu'une récompense, c'est que ce privilége, qui ne comprend que quelques lacs, s'étende à tous; et je désire surtout, que celui qui dépend du temple d'Apollon y soit com-

un étang appelé Lates, où les hommes entrent en société avec les dauphins pour la pêche. Un très-grand nombre de poissons qu'on appelle mulets s'efforcent à certain temps d'entrer dans la mer par les embouchures fort étroites de l'étang, à la faveur d'une espèce de reflux, mais avec tant d'impétuosité, que les pêcheurs ne peuvent alors tendre leurs filets sans s'exposer à les voir rompre par la seule force de ces poissons, quand celle des flots de la mer ne leur serait pas contraire. C'est de cette même manière que ces poissons s'élancent dans la mer par les embouchures voisines, et qu'ils s'empressent d'éviter le seul endroit propre à tendre des filets; ce que les pêcheurs n'ont pas plutôt aperçu, que conjointement avec une foule de peuple qui sait le temps de la pêche, et que la curiosité du spectacle attire, ils crient de toutes leurs forces sur le rivage, *Simon*, *Simon*. A cette voix que les dauphins entendent, à la faveur du vent du nord qui la porte vers eux, ils s'approchent aussitôt et viennent au secours. On les voit venir comme une armée, et se ranger dans l'endroit où doit se faire la pêche. Là, ils font une espèce de barrière pour s'opposer à la sortie des mulets, qui saisis de crainte, sont forcés de se tenir renfermés dans l'étang. Les pêcheurs jettent alors leurs filets qu'ils ont soin d'appuyer sur des fourches; mais les mulets qui sont extrêmement agiles sautent par dessus et sont pris par les dauphins, qui contents de les tuer, diffèrent de les manger jusqu'à la fin de la pêche. Cependant l'action s'anime, et les dauphins qui combattent avec ardeur, prennent plaisir à voir renfermer les mulets dans les filets, et pour les empêcher de prendre la fuite, ils se glissent insensiblement et avec tant d'adresse entre les bateaux, les filets et les nageurs, qu'ils leur ferment toute sorte d'issue; en sorte que les mulets, qui aiment naturellement à sauter, n'osent plus faire aucun mouvement, à moins qu'on ne leur jette les filets; s'ils viennent à s'échapper, ils sont aussitôt pris par les dauphins qui les attendent devant la barrière. La pêche finie, ceux-ci prennent et mangent une partie des poissons qu'ils ont tués, et réservent l'autre pour le lendemain, sentant fort bien que pris. Ce n'est pas pour ce qu'il peut me rapporter, mais c'est un grand honneur parmi nous d'être le fermier d'un dieu : c'est une espèce de sacerdoce que ma vanité ambitionne depuis long temps. Pour donner une apparence raisonnable à la cession qui me sera faite, tu pourras dire que le prix en est destiné à payer la solde des troupes romaines que la république doit nous fournir pour notre défense commune.

Cépion sourit de la modestie des prétentions de Manobal, et le rideau derrière lequel Lentulus était caché s'agita vivement. Les projets du jeune Romain ne s'accommodaient pas du marché que venait de faire celui qu'il regardait comme son beau-père : il savait qu'on lui eût payé sa trahison beaucoup plus cher qu'il ne la vendait, et il était fort surpris de la maladresse de Manobal, qui avait pu voir, dans le coin de la tente, un coffre rempli d'or et une balance toute prête pour le peser.

la part qu'ils ont eue à la pêche, mérite quelque chose de plus que la récompense d'un jour. Aussi les pêcheurs, outre ces poissons qu'ils leur abandonnent, ont soin de leur jeter une pâte composée avec du pain et du vin dont ils se rassasient.

Lentulus se hâta, en conséquence, d'entrer sous la tente, et demanda, comme s'il n'avait rien entendu de l'entretien qui venait d'avoir lieu, quelles conditions avaient été arrêtées entre Manobal et le consul romain. Cépion était tellement pressé de terminer cette affaire, qu'il ne lui répondit pas, et Lentulus put s'approcher de Manobal pendant que le consul achevait la rédaction du traité.

— Es-tu content? lui dit-il tout bas. As-tu reçu les sommes d'argent que Cépion avait préparées pour toi?

— Je ne vends pas les intérêts de mon pays pour des sommes d'argent : je fais pour lui ce que je crois nécessaire à son bonheur et à son repos, sans en vouloir tirer d'autre prix que l'estime de mes concitoyens.

Lentulus croyait connaître parfaitement Manobal, il le supposait un homme d'une rare finesse et d'une grande ambition ; il le savait cupide, et en toute autre circonstance il eût pris pour une audacieuse hypocrisie la réponse qu'il venait de faire à sa question. Mais, après le marché qu'il venait de lui voir conclure, Lentulus commença à douter de l'adresse du Gaulois, et supposa qu'il s'était laissé grossièrement tromper par Cépion. Un sourire de mépris parut sur les lèvres du jeune Romain. Pendant ce temps, le consul avait fait une nouvelle copie du traité et l'avait remise à Manobal. Le consul chargea Lentulus de conduire le Gaulois hors du camp, et bientôt après ils le quittèrent ensemble.

Pendant qu'ils marchaient à côté l'un de l'autre, Lentulus cherchait à deviner, sur le visage de Manobal, quelles avaient pu être ses raisons pour signer un traité qui ne lui rapportait rien. Fatigué de l'indifférence avec laquelle le Gaulois écoutait ses questions, il lui dit enfin avec impatience :

— De quel côté vas-tu maintenant ?

— Je vais à Toulouse pour y présenter cet écrit à ceux qui improuvent l'arrestation de la garnison romaine et qui aideront, comme moi, à sa délivrance.

— En ce cas, reprit Lentulus, il est temps de nous séparer. Voilà le chemin qui mène à la cité.

— C'est le même qui mène à ma maison, dit Manobal, n'y vas-tu pas retourner? Ne sais-tu pas qu'il y a quelqu'un qui t'y attend?

Lentulus, qu'avait irrité outre mesure ce qu'il appelait en lui-même la sottise du Gaulois, reprit son impertinence et répondit :

— Sans doute la fille de Manobal est belle, mais l'amour qu'elle peut inspirer ne suffit pas, je l'avoue, à tous les besoins de mon ame : il y en a d'autres moins nobles sans doute, mais que j'aime à satisfaire à ma guise. Les lits de paille me brisent le corps; les bains sans parfums ne me délassent point, et je ne veux pas m'exposer à me nourrir sans cesse des poissons que tu pêcheras dans les étangs dont tu viens de t'assurer le produit.

Manobal ne répondit rien, mais à cette allusion directe au traité qu'il venait de conclure, il regarda Lentulus d'un œil si moqueur, son sourire laissa voir une telle expression de malignité, que le jeune Romain fut pris soudainement de l'idée qu'il était la dupe de la duplicité du Gaulois.

Celui-ci se contenta de lui faire un signe

de la main et s'éloigna rapidement sans demander d'explication à Lentulus, et sans paraître vouloir lui en donner aucune.

Lentulus le suivit quelque temps des yeux et rentra dans le camp, en méditant sur la manière brusque dont Manobal venait de se séparer de lui.

V.

Le soir était venu, et sur le seuil de la maison de Manobal, sur ces degrés où s'était passée la scène qui commence ce récit, Carrin et Césonie étaient silencieusement assis à côté l'un de l'autre. La jeune Gauloise jetait ses regards à l'horizon pour voir si personne n'approchait. Le vieillard prêtait l'oreille au moindre bruit pour entendre si quelqu'un ne venait pas : mais rien ne paraissait, rien ne troublait le silence de la soirée. Enfin l'anxiété qui pesait sur le cœur de Césonie, perça malgré ses efforts et elle murmura ces mots à voix basse, oubliant qu'il y avait là une oreille pour les entendre.

— Lentulus ne vient pas !

— Les dieux en soient loués, dit Carrin. As-tu été assez folle pour croire que ce Romain t'aimait ? Tout est trahison et calcul parmi ces hommes d'une autre race. Sans doute il a obtenu de ton père ce qu'il voulait de lui et maintenant il se rit de tous deux avec quelque courtisane grecque qu'il traîne à sa suite.

— Cela ne peut être, répliqua Césonie; il a juré par ses dieux que je deviendrais son épouse, et jamais un Romain n'a trahi son serment.

— Qui t'a donc si bien instruite de leurs vertus, est-ce l'esclave grecque Dionée, qui sans doute a été le rejoindre ?

— Dionée est avec Sigor, répliqua aigrement Césonie, et Sigor non plus n'a point reparu.

— Oh ! lui, nous le reverrons bientôt sans

doute, car ce retard m'étonne. Il est allé où fut jadis le mont sacré de nos pères ; il y a sans doute trouvé l'inspiration qu'il cherchait pour accomplir les vastes desseins dont il s'est chargé. Nous le reverrons avant peu.

— Malheur sur nous s'il reparaît, répondit Césonie, car je suis sûre que c'est sa présence qui a éloigné Lentulus.

— Malheur plutôt sur Lentulus, car c'est peut-être lui qui empêchera Sigor de revenir.

Le vieillard et la jeune fille disputaient ainsi, lorsqu'un bruit lointain et un tourbillon de poussière attirèrent l'attention de l'un et les regards de l'autre. Carrin écouta et dit :

— Ce ne sont point les pas d'un homme, ce n'est pas Sigor.

Césonie regarda.

— C'est un chariot qui fait voler la poussière de la route, ce n'est pas Lentulus.

— C'est mon fils, reprit Carrin.

— C'est mon père, ajouta Césonie.

Et tous deux rentrèrent dans la maison, n'attendant, ni l'un ni l'autre, l'accomplissement de leurs espérances, de celui qui venait alors.

Bientôt Manobal fut à la porte de sa maison ; ses chevaux fumaient et semblaient harassés de la rapidité de leur course ; Manobal descendit précipitamment de son char et demanda, à la fois, son père et sa fille ; lorsque les esclaves les eurent avertis de la volonté de Manobal, ils se rendirent près de lui dans le lieu le plus retiré de la maison, c'est alors qu'il leur expliqua ses projets.

— Grâce au Ciel, leur dit-il, je puis vous parler avant que mes hôtes ne soient revenus dans ma maison, écoutez-moi donc en silence et que chacun de vous prenne, dès à présent, une part du fardeau que j'ai porté seul jusqu'à ce jour. Toi, Césonie, tu ne seras point l'épouse de cet insolent Romain qui ne te recherche que pour tes richesses.

— Que dites-vous ! s'écria Césonie, et quelles preuves en avez-vous ?

— La meilleure preuve que je t'en puisse donner, c'est son absence. Il serait ici, crois-moi, s'il avait connu tout ce que je puis retirer d'or et d'argent du traité que j'ai conclu aujourd'hui ; il a ri des poissons que je devais pêcher dans le lac d'Apollon, mais si comme moi, il avait appris de nos prêtres, que là, sont enfouies toutes les richesses que nos ancêtres rapportèrent de Delphes, il eût trouvé nos bains assez parfumés et nos lits assez doux; il serait ici, te dis-je, il serait trop heureux d'obtenir ton alliance qu'il dédaigne maintenant.

— Enfin, tu parles sagement, mon fils, s'écria Carrin ; Césonie sera l'épouse d'un homme plus digne d'elle, et bientôt sans doute tu appelleras Sigor du nom de ton gendre.

— Pas plus ce barbare que ce Romain, répondit Manobal. Si je ne veux pas que ma fille ait à supporter les dédains insolents d'un patricien de Rome, je ne veux pas non plus qu'elle ait à souffrir les mépris sauvages d'un féroce guerrier de la Germanie.

— Que prétends-tu donc? reprit Carrin ; pourquoi avoir flatté ce Romain? et pourquoi avoir reçu dans ta maison celui que tu appelles un barbare?

— C'est que tous deux me seront nécessaires ; c'est que j'avais besoin de Lentulus pour pouvoir signer avantageusement une alliance avec les Romains qui nous permette, grâce à leurs secours, de rejeter les Cimbres hors de nos contrées.

Il baissa la voix, et continua :

— J'avais aussi besoin de Sigor pour former la ligue puissante qui doit nous délivrer plus tard de l'alliance de Rome; car l'alliance de Rome pour un peuple, c'est l'esclavage. Sigor emportera d'ici la promesse que nous aiderons nos frères de toutes les contrées à renverser la puissance romaine; et lorsque nous aurons lancé contre elle toutes les forces réunies de la Gallo-Grèce, de l'Illyrie, la Pannonie, de nos tribus errantes de la Thrace, de nos frères des bords du Danube et de nos frères des bords du Rhin, nous laisserons se détruire entre eux Rome et les Barbares, et alors nous aurons bientôt rejeté facilement de notre sein un faible reste de Romains; alors nous aurons en peu de temps une Gaule libre comme elle a existé autrefois, et comme Bituit a voulu la recréer.

Pendant que Manobal parlait ainsi, le vieillard écoutait d'un air inquiet, et Césonie avec un visage étonné. Carrin était un de ces vieux soldats pour qui combattre une nation ennemie consistait à ranger en bataille une armée contre une armée, et à les faire lutter jusqu'à ce que l'une d'elles fût victorieuse; quant aux combinaisons qui pouvaient mêler des secours éloignés à l'effort d'un peuple, elles dépassaient son intelligence.

Césonie de son côté ne comprenait pas davantage son père : une Gaule libre lui semblait la chose la plus inutile du monde, pourvu qu'il y eût une Gaule avec des spectacles, des cirques, des bains publics, des mimes et des chanteurs ; elle ne désirait pas autre chose ; aussi, lorsque Manobal exigea de Carrin qu'il ajoutât le poids de sa parole à celle qu'il allait donner à Sigor pour l'assurer de la participation des Gaulois-Tectosages aux entreprises des autres Gaulois, il ne put jamais vaincre l'obstination du vieillard.

— Je ne puis donner ma parole à Sigor que tu es l'ennemi des Romains, car tu viens de traiter avec eux ; je ne puis lui jurer que nous l'aiderons de nos armes, puisque tu es décidé à le laisser combattre seul.

D'un autre côté, quand Manobal annonça à sa fille qu'elle ne devait plus penser à Lentulus, et qu'il avait promis sa main à Popillus, chef des Auvergnats, et qui parcourait en ce moment toute la Gaule pour préparer un soulèvement général ; lorsqu'il ajouta que c'était pour favoriser ce soulèvement qu'il s'était fait adjuger la ferme des étangs d'Apollon, afin d'y trouver les richesses nécessaires aux subsides qu'il avait promis à Popillus, ajoutant que l'or destiné aux dieux ne saurait être mieux employé qu'à délivrer la patrie, Césonie n'écouta qu'une seule chose dans tous les discours de son père, c'est qu'elle n'épouserait pas Lentulus, Lentulus qui lui avait promis un litière, des parures d'or, et qui devait la mener au théâtre auprès des plus nobles patriciennes de Rome. Césonie ne discuta donc point les projets de son père, elle se contenta de lui dire :

— Mais tu as donné ta parole à Lentulus.

— Il ne viendra pas la réclamer, je t'en suis garant, répondit Manobal.

— Mais tu as juré par Mercure, et c'est un serment sacré.

— Q'ai-je besoin de tenir ce serment si personne n'en réclame l'exécution?

—.Mais s'il venait.

— Il ne viendra pas.

Il viendra, pensa en elle-même Césonie; et, tandis qu'elle se retirait lentement et la tête baissée, tandis que son père la suivait tristement du regard en la plaignant de la déception qu'elle venait d'éprouver, elle méditait, contre son père, une trahison. A peine fut-elle sortie de la chambre où ils se tenaient, qu'elle traça quelques lignes sur des tablettes.

« Tu sais, Lentulus, les immenses richesses
» que renferme le lac d'Apollon. Mon père
» va être enfin le plus riche citoyen du
» monde; viens, il t'attend. »

Ce peu de mots renfermait toute l'âme de Césonie. Elle venait d'apprendre que Lentulus n'avait recherché sa main qu'à cause de ses richesses; et, loin d'être irritée contre lui, elle en appelait encore à sa cupidité pour exciter son amour. C'est qu'il y a dans le cœur une justice instinctive qui fait qu'on ne demande pas aux autres plus qu'on ne leur accorde. Que demandait Césonie à son hymen avec Lentulus, des parures, du luxe, des plaisirs inconnus; elle l'aimait pour tout ce qui n'était pas lui : devait-elle s'étonner qu'il l'aimât pour ce qui n'était pas elle? Toutefois, la vanité de la femme avait conservé les apparences de son côté, en feignant de se féliciter avec Lentulus d'une chose qu'elle lui apprenait mais en ayant l'air de croire qu'il en était instruit, et en lui disant que c'était son père qui l'attendait.

Les tablettes de Césonie furent remises par elle à une esclave qui se chargea de les faire parvenir à Lentulus avant le milieu de la nuit.

Pendant ce temps, Manobal se réjouissait en secret du plan qu'il avait formé, oubliant qu'il y avait peut-être, dans chaque foyer du pays des Tectosages, un intérêt ennemi qui viendrait à l'encontre de ses desseins. Sans doute, ce ne devait pas être, en tout lieu, l'amour d'une jeune fille pour un des vainqueurs de la patrie. Il pouvait y en avoir de plus graves et de plus légers; mais déjà l'influence romaine avait pénétré partout, dans les affaires publiques et dans les affaires particulières ; et au moment où toute la nation, s'abusant elle-même, pensait que le cri de mort aux Romains eût été un cri de ralliement pour tous, chacun eût trouvé des raisons particulières de ne pas y répondre.

D'un autre côté, les Gaulois ne possédaient plus rien d'assez intact dans leurs mœurs, dans leurs lois ou dans leur religion, pour qu'ils en pussent faire un objet de fanatisme. Leur commerce avait déjà besoin de Rome; leurs mœurs, altérées par leur commerce, avaient de nouveaux besoins; et ils avaient élevé des temples aux dieux étrangers qu'on leur avait apportés. Il en est des nations comme des hommes qui ont pris de mauvaises habitudes. Le jour où ils veulent les rompre, ils s'aperçoivent, à leur grand étonnement, qu'ils ne peuvent plus vivre sans elles.

Manobal ne fit point toutes ces réflexions, et lorsque, quelques années plus tard, éclata la grande sédition qu'il avait organisée avec Popillus, et que Sylla anéantit par une victoire éclatante, il s'étonna de la facilité avec laquelle les Tectosages acceptèrent un joug que lui-même leur avait appris à supporter.

Le lendemain de ce jour venu, Manobal se leva plein d'espoir, car Sigor était de retour et Lentulus n'avait pas reparu. Dans l'empressement où il était de voir repartir Sigor avant qu'il ne fût informé du traité, qui avait été passé avec Cépion, il ne remarqua pas l'air préoccupé dont le guerrier l'écoutait. Manobal lui expliqua longuement par quels chemins les Gaulois étrangers devaient faire passer leurs armées pour que l'empire romain fût assailli à la fois de toutes parts, et ne s'étonna pas de l'approbation constante et distraite de Sigor; puis quand celui-ci lui demanda l'affranchissement de Dionée comme le présent d'hospitalité que les Gaulois avaient coutume de faire aux étrangers, Manobal le lui accorda sans observation.

Le jour même Sigor et Dionée quittèrent la maison de Manobal.

Quinze jours après, la troupe de Cépion avait été introduite durant la nuit dans la ville de Toulouse ; elle s'en était rendue maîtresse ; Cépion, ainsi que l'avait prévu Manobal, avait dépouillé le temple d'Apollon, et le Gaulois attendait le jour où, sous l'autorité du consul romain, les fermes de la pêche devaient être adjugées publiquement. Manobal se rendit à Toulouse avec Césonie, qui, malgré ce qu'elle avait écrit à Lentulus, ne l'avait point vu revenir. En traversant la foule, ils aperçurent Dionée portée dans une litière magnifique, du haut de laquelle elle jeta un regard de dédain sur le chariot gaulois où étaient Manobal et Césonie. Plus loin encore et aux approches du temple d'Apollon, ils rencontrèrent une troupe de Gaulois, de ceux qui, n'ayant gardé des mœurs de leur ancêtres que le besoin de la guerre, se vendaient indifféremment à qui la leur faisait faire. Sigor les commandait. Sigor qui portait encore les armes de son pays, mais qui avait détaché de son cou le collier de fer, qui n'eût dû en tomber qu'après l'accomplissement de son vœu.

Déjà la rencontre de Dionée avait troublé Manobal d'un triste pressentiment ; il avait vu Césonie pâlir à l'aspect de cette esclave, pour qui s'étaient accomplis des désirs demeurés stériles pour la jeune Gauloise ; mais lorsqu'il vit Sigor, l'espérance qu'il avait gardée que le guerrier n'avait pas manqué à sa parole, s'évanouit tout-à-fait. Manobal ne put s'empêcher d'en montrer son étonnement au guerrier lui-même, et lorsqu'il fut devant lui il arrêta son char et lui dit d'un ton mêlé de mépris et de colère :

— Tu as donc déjà déposé ton collier sur l'autel de Theutatès, et tout ce que tu avais fait le vœu d'accomplir est donc achevé ?

— Oui, répondit Sigor, tout ce que je pouvais faire avec un allié tel que toi est fait.

A ce moment, Manobal se rappela que lorsque Sigor avait quitté sa maison, Carrin l'avait accompagné ; il ne douta plus que l'ignorante probité du vieillard ne l'eût poussé à révéler à Sigor les desseins qui lui

avaient été imprudemment confiés. Manobal
continua silencieusement sa route vers le temple d'Apollon.

Eh bien, se disait-il, je ferai sans eux ce
que je voulais faire avec eux; la Gaule suffira
à sa propre délivrance; le courage de Popillus,
les subsides que je lui fournirai, auront bientôt organisé une armée capable de rejeter hors
des Gaules la tyrannie romaine.

Préoccupé de ces idées, Manobal arriva sur
la place qui précédait le temple où devait se
faire l'adjudication. Déjà Cépion était sur son
tribunal; déjà les faisceaux romains en défendaient l'approche; Lentulus était à côté du
consul. Il mesura le Gaulois et sa fille d'un air
impudent, et désignant Césonie du doigt, il
échangea quelques plaisanteries avec ce Cépion.
Cependant, celui-ci se leva, il dit aux Toulousains rassemblés que la république ne pouvait pas payer les soldats qu'elle envoyait dans
les Gaules pour la défense commune; il ajouta
qu'elle ne voulait pas non plus que le secours
qu'elle portait aux Tectosages fût pour elle

la matière d'un nouvel impôt; que dans cette circonstance elle avait dû accepter un expédient, proposé par un des plus considérables habitans du pays. Que cet expédient consistait à affecter à la solde des troupes romaines le prix des fermages qu'on pourrait retirer de la location des terres incultes et de la pêche des lacs, étangs et rivières. Manobal reconnut que le traité qu'il avait passé avec Cépion serait fidèlement exécuté; il prit donc la parole :

— C'est moi, dit-il, qui ai donné ce conseil, et je crois m'être montré, durant toute ma vie, un trop sincère ami de mon pays pour que personne puisse me blâmer.

La foule applaudit. Cépion reprit la parole :

— Manobal, dit-il, a non-seulement donné ce conseil, mais il a voulu assurer l'exécution de ce qu'il avait proposé; il a offert, pour prix de la location des terres et des eaux dépendantes de la cité de Toulouse, deux talents d'argent de soixante livres, de douze onces chacune.

Le peuple applaudit en signe d'approbation,

cette somme étant plus que suffisante pour la solde des troupes romaines ; mais ajouta Cépion en élevant la voix :

— Comme Lentulus a offert le double de cette somme, nous avons trouvé juste de lui accorder la préférence.

Manobal demeura interdit; et Césonie, accablée du poids de la faute qu'elle avait commise, baissa la tête devant le regard de son père, qui devina ce qui s'était passé au rire insolent de Lentulus. Tous deux se retirèrent le désespoir dans le cœur; tous deux vécurent dans la médiocrité jusqu'au jour où Manobal, s'étant associé à Popillus, fut vaincu avec lui. Il périt dans le combat; et sa fille Césonie, faite prisonnière dans le camp où elle avait accompagné son père, fut vendue comme esclave, et alla finir à Rome, au service d'une patricienne, l'existence qu'elle avait espéré un moment élever assez haut pour exciter l'envie des plus nobles dames romaines.

FIN DU PREMIER VOLUME.

TABLE

DU PREMIER VOLUME.

Introduction I

LES CELTES.

Débrix. I.	. . . .	1
II.	. . . .	29
III.	. . . .	65
IV.	. . . .	111
V.	. . . .	139

LES GAULOIS.

Siguor. I.	. . . .	169
II.	. . . .	209
III.	. . . .	255
IV.	. . . .	271
V.	. . . .	291

FIN DE LA TABLE.

Publications en vente.

LE CHEMIN DE TRAVERSE, par Jules Janin, 3ᵉ édition, 2 vol. in-8°... 15 »

UN SECRET D'ÉTAT, par Mortonval; 2ᵉ édition, 1 vol. in-8°... 7 50

MADEMOISELLE DE MONTPENSIER, par Th. Muret; 2ᵉ édit., 2 vol. in-8°.. 15 »

MÉMOIRES DE FLEURY, de la Comédie-Française, tomes 1, 2 et 3. Prix de chaque vol...................................... 7 50
    Le tome 4ᵉ paraîtra le 25 août.

NAPOLÉON, poème, par Edgar Quinet; 2ᵉ édition, 1 beau vol. in-8° imprimé avec luxe par Everat............................. 8 »

DOUBLE RÈGNE, chronique du XIIIᵉ siècle, par le vicomte d'Arlincourt; 5ᵉ édition, 2 vol. in-8°....................... 15 »

LE CONSEILLER-D'ÉTAT, par Fréd. Soulié; 5ᵉ édit., 2 vol. in-8°. 15 »

SOUS LES VERROUS, par Hippolyte Raynal, auteur de *Malheur et Poésie,* 1 vol. in-8°.. 7 50

UNE MAITRESSE DE LOUIS XIII, par X.-B. Saintine; 4ᵉ édition, 2 vol. in-8°.. 10 »

LE MUTILÉ, par *le même,* 4ᵉ édition, 1 vol. in-8°............. 5 »

THADÉUS LE RESSUSCITÉ, par Michel Masson et Auguste Luchet; 4ᵉ édition, 2 vol. in-8°................................ 15 »

STRUENSÉE, histoire danoise de 1769, par N. Fournier et Auguste Arnould; 4ᵉ édition, 2 vol. in-8°........................ 15 »

ALEXIS PETROWITCH, 5ᵉ édition, par les mêmes, 2 vol. in-8°.. 15 »

ÉTUDES POLITIQUES ET HISTORIQUES, par l'auteur de la *Revue politique de l'Europe en* 1825, des *Nouvelles provinciales,* de la *Revue de la France en* 1826, etc., etc.; 1 vol. in-8°........ 8 »

Imprimerie d'Adolphe Everat et Cᵉ, rue du Cadran, 16.

www.ingramcontent.com/pod-product-compliance
Lightning Source LLC
Chambersburg PA
CBHW060612170426

43201CB00009B/987